FOUS ET BOUFFONS

ÉTUDE

PHYSIOLOGIQUE, PSYCHOLOGIQUE, HISTORIQUE

PRINCIPAUX TRAVAUX DE L'AUTEUR

Des troubles intellectuels dus à l'intoxication lente par le gaz oxyde de carbone. 1876. In-8. Asselin.

De la folie jalouse. 1877. In-8. Asselin.

De la démence dans ses rapports avec l'état normal des facultés intellectuelles et affectives. In-8. 1878. Asselin.

Des abérrations du sens génésique. 1 vol. in-8, 3e édition, 1883. Asselin.

De l'homicide commis par les enfants. In-8, 1882. Asselin.

De la contagion du suicide à propos de l'épidémie actuelle. *Thèse de Paris*, 1875.

Nouveau procédé pour la conservation des pièces anatomiques avec leurs altérations caractéristiques. (*Union médicale* 1876.)

Un mot sur la contagion du crime et sa prophylaxie. (*Union médicale* 1876.)

Des rapports de la phtisie pulmonaire avec l'aliénation mentale au point de vue de l'étiologie. (*Abeille médicale* 1877.)

Des pseudo-guérisons dans les maladies réputées incurables. (*Journal d'Hygiène*, 1877.)

Le tueur d'enfants, Étude médico-légale. (*Journal d'Hygiène* 1878).

Note sur l'emploi du sulfate d'atropine dans l'entente chronique des aliénés. (*Annales médico-psychologiques* 1879.)

De l'infanticide au point de vue de la responsabilité morale. (*Annales de Gynécologe*, janvier 1881.)

Suicide. (Nouveau Dictionnaire de médecine et chirurgie pratiques). J.-B. Baillière et fils.

De l'emploi du hachisch dans le traitement de l'aliénation mentale. Mémoire lu au Congrès de psychiatrie de Voghera. 1880.

Notes sur les établissements d'aliénés en Norvège. — (*Annales médico-psychologiques*, janvier 1885).

FOUS
ET
BOUFFONS

ÉTUDE

PHYSIOLOGIQUE, PSYCHOLOGIQUE ET HISTORIQUE

PAR

Le Dr Paul MOREAU (de Tours)

Membre de la Société médico-psychologique de Paris
Membre correspondant della societa freniatrica italiana, etc., etc.

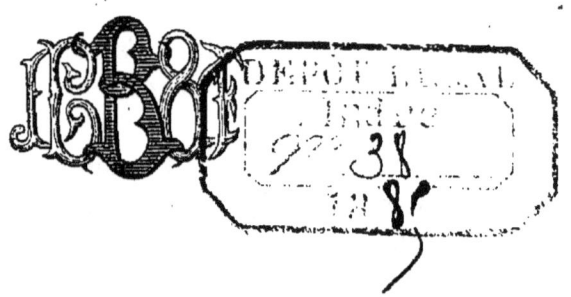

PARIS
LIBRAIRIE J.-B. BAILLIÈRE ET FILS
19, RUE HAUTEFEUILLE, 19 PRÈS DU BOULEVARD SAINT-GERMAIN,

—

1885
Tous droits réservés

PRÉFACE

« L'homme n'est connu qu'à moitié s'il n'est observé que dans l'état sain ; l'état de maladie fait aussi bien partie de son existence morale que de son existence physique... » A cette réflexion si juste de Broussais, ajoutons que l'état de maladie peut nous donner la clef de plusieurs phénomènes de l'ordre moral, affectif et intellectuel, et que seul il nous en dévoile la véritable nature.

Etudier toute une classe d'êtres dont le rôle n'a pas toujours été sans importance, rechercher quel était l'état des facultés chez ces insensés que s'attachaient les Grands pour les égayer et les divertir par leurs saillies et leurs réparties souvent marquées au coin du plus grand bon sens, tel a été le but de ce travail.

Ces individus, en effet, par leur caractère bizarre, par cette réunion étrange d'intelligence et d'imbécillité, ont de tous temps, excité un vif étonnement.

Mais, de nos jours, on peut sans trop de témérité donner une explication de ces *apparentes* anomalies des facultés intellectuelles, et disons-le de suite, ces alternatives de raison et de folie, ces éclairs d'intelligence qui sont dûs à une sorte d'éréthisme cérébral passager modifiant plus ou moins profondément, d'une manière inégale, l'état habituel de l'intelligence, constituent un état réellement morbide.

Les bouffons, les nains, les géants mêmes, appartiennent tous à la grande famille des rachitiques, et l'esprit d'à-propos qui les faisait remarquer n'était qu'une conséquence naturelle de leur état physique.

Pour affirmer le bien fondé de notre opinion, nous passerons tout d'abord en revue les caractères morphologiques qui distinguent les rachitiques, les faibles d'esprit, les imbéciles.... etc.

Puis nous étudierons les nains, les géants, les bouffons de cour aux différentes époques de l'antiquité jusqu'à nos jours et dans les divers pays.

Enfin, comme conséquence de cette opinion que pour nous ces individus sont de véritables êtres pathologiques, nous examinerons l'influence des maladies aiguës sur leur intelligence, ainsi que le parti habile que certains d'entre eux surent tirer de leur difformité.

Les sources auxquelles nous avons puisé nos

renseignements historiques sont multiples ; parmi les principales nous citerons : Brantôme, Villebois, les mémoires de l'Académie royale des sciences, Sauval, les comptes de l'argenterie des rois de France, le bibliophile Jacob... etc.

Depuis plusieurs années déjà, nous avions commencé les recherches nécessaires à ce travail, mais nos occupations et les devoirs de notre profession nous avaient empêché jusqu'à ce jour de les colliger. En 1882 parut un très intéressant mémoire de M. Gazeau sur les Fous et Bouffons, et en 1884, un autre de M. Garnier sur les Nains et Géants, rédigés tous deux au point de vue purement historique et anecdotique ; nous avons été heureux de constater que nos recherches concordaient avec celles de ces auteurs, et la lecture de ces ouvrages n'a fait que nous confirmer dans l'opinion que nous avons émise, à savoir que l'étude psychologique des Fous et Bouffons, Nains et Géants, rentre réellement dans le domaine de la pathologie mentale.

Paris, 20 mars 1885.

FOUS ET BOUFFONS

ÉTUDE

PHYSIOLOGIQUE, PSYCHOLOGIQUE, HISTORIQUE

Moqueur par nature, l'homme a toujours trouvé un malin plaisir à railler et à se jouer de ceux envers lesquels la nature, dans un moment de capricieuse humeur, s'est montrée avare de ses dons. Jamais les disgraciés, tant au physique qu'au moral, bossus, nains, faibles et simples d'esprit, etc., n'ont trouvé grâce à ses yeux. Enfant, il a un singulier penchant à imiter les défauts apparents ou cachés des malheureux, à se moquer d'eux, à les tourner en ridicule ; homme fait, il continue, autant par habitude que par nature, à les accabler de ses sarcasmes, de ses railleries, à se rire de leurs infirmités ! Mais, si sur ces infortunés il exerce sa verve, si sur eux il décharge sa colère, il est vrai de dire, qu'en retour, il accepte de leur part les réponses les plus piquantes, les vérités les plus dures, offensantes même.

Que lui importe ! Ne les a-t-il pas provoquées ? ne s'y attendait-il pas ? ne viennent-elles pas d'êtres sans conséquence, inférieurs à lui, n'ayant d'homme que le nom (car souvent le visage et l'allure tiennent plus de la brute que de l'humanité) ? Ne sont-ils pas, à ses yeux, de simples hochets animés, auxquels il tient souvent moins qu'à un singe ou à un perroquet ?

A une époque qu'il est impossible de déterminer, mais qui remonte à une haute antiquité, les riches et les puissants s'attachaient ces insensés, destinés à servir à leurs plaisirs, à les égayer, à les divertir par leurs saillies et leurs gestes.

Sous le nom de μοροι, chez les Grecs, *Moriones*, chez les Romains, *Bouffons* et *Fous*, en Europe... ces individus, disparus aujourd'hui en Occident, mais qu'on trouve encore en Orient, ont joué un rôle qui n'a pas été sans importance. Vêtus d'une façon burlesque, adoptant à la fois les grelots, les bijoux, les plumes, les étoffes à couleurs éclatantes, ils ont, plus d'une fois, malgré leur ridicule apparence, tout en étant le jouet des princes et de la cour, confondu par leurs réparties vives et sensées, piquantes et hardies, leurs interlocuteurs. Quelques-uns, faisant exception à la règle commune, ont su relever la charge qu'ils remplissaient et jouer un plus noble rôle en profitant de l'impunité assurée à leurs folies, pour faire entendre aux puissants du jour, ou, quoique plus rarement, pour porter jusqu'au pied du trône un avis sage et même les doléances des opprimés.

Avec leur droit de tout dire, droit dont ils usaient sans réserve, *les bouffons en titre d'office* ont eu parfois leurs conseils marqués au coin du plus grand bon sens, une prépondérance marquée dans les affaires de l'État.

Mais les bouffons de cette catégorie étaient rares. Ils formaient une exception dans la race. Examinés à un point de vue purement scientifique, ces individus n'étaient pour la plupart que de pauvres malheureux dépourvus en partie, quelquefois en tout, des nobles facultés qui élèvent l'homme au-dessus de la brute et en font le roi de la création.

Au physique, ils n'étaient le plus souvent pas mieux partagés : un arrêt de développement, soit partiel, soit total, les rendait difformes et les transformait en êtres ridicules aux yeux des autres hommes.

L'esprit qui éclatait chez quelques-uns d'entre eux et qui les faisait rechercher particulièrement était une conséquence naturelle de leur état physique, état de chose qui au premier abord peut paraître contradictoire, mais qui en réalité est naturel et en conformité avec leur organisation.

Au fur et à mesure que la science a progressé, aujourd'hui que, grâce à la lumière que les travaux des Pinel, des Esquirol et de leurs élèves ont jeté sur les maladies de l'intelligence, de nouveaux points de vue se sont présentés, de nouveaux aperçus ont surgi : on peut regarder les bouffons comme de véritables êtres pathologiques et leur assigner la place qui leur appartient dans le cadre nosologique.

Dès 1808, Virey, dans son traité si étudié des maladies de l'esprit [1], avait bien jugé de l'état maladif de ces infortunés ; mais, sacrifiant aux théories régnantes, il accusait la mélancolie, l'*Atrabile*, de leur déchéance. « Loin que toute mélancolie, dit-il, soit essentiellement triste, il en est de si gaies, de si folâtres, qu'elles réjouissent tout le monde par des plaisanteries bouffonnes... autant le sang noir dans une froide complexion attriste, conduit au désespoir, autant dans une complexion chaude elle produit d'effervescence dans les esprits. Aussi les poètes, les musiciens, et d'autres artistes, doués de ce tempérament, tombent surtout dans ce genre de folie, car ils sont plus disposés à l'extravagance que les autres

---

1. Virey, l'*Art de perfectionner l'homme.*

hommes à cause de leur susceptibilité nerveuse. »

..... « Les fous qu'on nourrissait autrefois à la cour étaient de ce genre. C'est que, sans doute, il y avait là un moyen de faire parvenir aux princes des vérités qu'on n'eût pas osé dire sérieusement. »

Les bouffons étaient pour la plupart atteints d'imbécillité, et ici nous entendons non pas l'imbécillité comme on la conçoit dans le monde, mais l'imbécillité dans l'acception scientifique et médicale du mot, ayant comme toute autre maladie une histoire pathologique nettement définie, au même titre que le rachitisme, le nanisme, le géantisme même... Parfois aussi des imposteurs habiles surent mettre à profit leurs difformités et remplir un rôle si tentant, si lucratif, si bien fait pour servir l'orgueil.

Si Triboulet fut « un pauvre hébété qui n'avait rien de ces fous spirituels qui réjouissent par de bons mots et qui disent au hasard quelque chose de sententieux [1], l'Angely et Brusquet étaient d'habiles intrigants qui firent preuve d'intelligence en amassant une grande fortune. »

De ce qui précède, il ne faudrait pas cependant conclure que tous les bossus, les rachitiques..., etc. soient fous. Loin de nous pareille idée. L'exa-

---

1. Bernier, historien de Blois, 1682.

men le plus superficiel suffit pour démontrer la fausseté de cette assertion, et, pour détruire cette hypothèse, on n'a qu'à jeter les yeux sur l'histoire. Parmi les plus connus, ne voyons-nous pas Agésilas, Tyrtée, Galba, Hipponax, le poète grec qui s'était rendu si redoutable par ses satires, et plus près de nous, Condé, le prince Eugène, lord Byron, le maréchal de Luxembourg, Scarron, Pope [1], etc. etc. Ces hommes qui ont brillé de l'éclat le plus vif et le plus mérité rentrent cependant dans la catégorie des hommes, dont mon père, le Dr Moreau de Tours, a fait une étude spéciale [2].

---

1. L'un des plus grands poète de l'Angleterre, Pope, était presque un nain et un rachitique. Il avait une colonne vertébrale incurvée d'une façon considérable, ainsi que l'atteste la fort désagréable réponse qu'il s'attira un jour d'un jeune homme qu'il avait injustement malmené.

Le grand poète devisait avec un de ses amis sur le sens à donner à des vers tirés d'un poème latin, et il ne parvenait pas à lever la difficulté : un étudiant qui se trouvait près de lui, s'approcha et lui fit très respectueusement observer que l'obstacle provenait d'un oubli dans l'impression du livre et qu'il suffirait, pour l'aplanir, de placer à la fin de la phrase un point d'interrogation. Pope, piqué de la leçon, demanda fort aigrement à celui qui osait ainsi l'interpeller, s'il savait ce qu'est un point d'interrogation.

La riposte ne se fit pas attendre. « C'est, lui dit l'étudiant du ton le plus ironiquement aimable, un petit atome crochu qui fait des questions » !

2. J. Moreau (de Tours), *Psychologie morbide*.

Au point de vue intellectuel, les bouffons présentaient une sorte d'état mixte et pouvaient en quelque sorte constituer une classe intermédiaire qui ne saurait être confondue ni avec celle des hommes jouissant de toute leur raison, ni avec celle des aliénés proprement dits : « L'intelligence de ces individus, dit Moreau de Tours, peut être considérée comme une sorte de mélange, un composé bizarre, mais réel, nullement fictif, de folie et de raison, de délire, de conceptions vraies, marquées même parfois de l'empreinte du génie.

Cet état intermédiaire a été méconnu jusqu'en ces dernières années où mon père, en 1849 et 1850, dans le journal l'*Union médicale* s'est efforcé d'attirer l'attention sur cet étrange sujet, dans un long article intitulé : *Un chapitre oublié de la pathologie mentale*.

Plus tard, en 1859, il eut l'occasion de reprendre et d'étudier plus à fond le même sujet dans son ouvrage sur la psychologie morbide [1], ouvrage qui, à son apparition, rencontra tant de contradicteurs, souleva tant de *tolle* et dont cependant, comme tout ce qui est vrai, tout ce qui

---

[1]. J. *Moreau de Tours*. — La psychologie morbide dans ses rapports avec la philosophie de l'histoire, ou de l'influence des névropathies sur le dynamisme intellectuel... V. Masson. Paris, 1859.

est juste, les idées sont aujourd'hui presque généralement adoptées et ont été reprises d'autre part à l'étranger par les auteurs les plus autorisés.

Cet état, faut-il le dire, n'avait pas encore été convenablement apprécié, parce qu'on avait jusqu'alors envisagé que les deux points extrêmes de raison absolue et de délire complet. L'état intermédiaire était méconnu parce qu'on le regardait comme une impossibilité, *quia absurdum :* et cependant il existe : la nature en effet ne connaît pas ces distinctions, ici non plus qu'ailleurs, *non facit saltus,* et les nuances par lesquelles se traduit l'activité mentale vont d'une extrémité à l'autre.

Sous l'influence d'une foule de circonstances, de conditions physiques ou morales, de prédispositions héréditaires, la constitution intellectuelle peut être modifiée de telle manière qu'elle porte une empreinte également claire et profonde du délire et de la raison. Il n'est pas question ici d'un mélange sans fusion réelle, de pensées raisonnables et de pensées déraisonnables, mais d'une manière particulière de sentir, de pouvoir, imaginer, juger..., etc., qui, sans être positivement celle d'un aliéné, n'est pas à meilleur titre celle d'un individu sain d'esprit. Il s'agit donc bien d'une classe d'êtres à part, véritables *métis,* qui tiennent également du fou et de l'homme raisonnable, ou bien de l'un et de l'autre à des signes divers.

Ces êtres bizarres, par leurs extrêmes inégalités, la réunion des qualités et des défauts qui se contredisent le plus, la luxueuse richesse de certaines facultés jointe à l'intelligence et à l'infériorité de certaines autres, enfin par un incroyable alliage de bon et de mauvais, de vérités et d'erreurs, ont dans tous les temps excité un vif étonnement.

On sait maintenant que ces phénomènes, si étranges qu'ils paraissent, ont leur source dans les lois mêmes de l'organisme ; qu'ils découlent naturellement de conditions pathologiques qui sont communes à l'organe de la pensée et à tous les autres organes, conditions d'hérédité, conditions d'unité d'action pour tous les modes de manifestion de la névrosité.

Avant de passer outre, disons bien ce qu'il faut entendre par *hérédité*.

La loi d'hérédité se montre d'une manière si éclatante dans l'organisme humain, qu'elle n'a jamais été contestée, au moins quant aux principes matériels de cet organisme.

Mais quelques auteurs ont nié que l'on puisse en faire l'application aux phénomènes intellectuels. Or, c'est à tort, et aujourd'hui l'expérience la moins contestable prouve que ces phénomènes n'échappent pas à la loi commune de transmission héréditaire. D'ailleurs, pourquoi en serait-il autrement ? Les phénomènes intellectuels n'émanent-ils pas d'un système particulier d'organes indispensable à leur manifestion, immatérielle en quelque sorte, comme à l'accomplissement de simples fonctions organiques ? Pourquoi alors soustraire ce système d'organes, et par conséquent les fonctions dont il est chargé, à la loi physiologique qui atteint tous les autres ?

On hérite de ses parents les goûts, les penchants, les passions d'une nature particulière. Partout la loi d'hérédité est présente dans le monde intellectuel. « Des limbes obscurs de l'idiotie, dit P. Lucas [1], l'hérédité remonte avec les facultés de degré en degré, jusqu'aux plus lumineuses régions de la pensée, et l'expérience l'y a reconnue tout d'abord. Combien ne voyons-nous pas de familles qui renferment, ou successivement ou simultanément, plusieurs hommes supérieurs dans la politique, dans la littérature dans les siences et les arts ?... L'hérédité de la forme la plus générale de l'intelligence s'étend à toutes les formes spéciales de facultés qui peu-

---

[1]. *Prosper Lucas*, — Traité philosophique et physiologique de l'hérédité naturelle dans les états de santé et de maladie du système nerveux..... Paris J.-B. Baillière, 1847.

vent émaner d'elle, et se montre aussi clairement dans les aptitudes particulières que l'hérédité dans la force élémentaire des sens et dans les moindres détails, dans les moindres accidents de leurs perceptions. »

L'influence de l'hérédité se fait sentir bien plus encore dans l'état morbide que dans l'état sain. Il n'est pas hors de propos, du reste, de faire remarquer que le fait n'est pas particulier aux maladies de l'esprit, mais est applicable à tous les dérangements de l'organisme en général.

De même que l'on voit l'hérédité modifier, d'après un type spécial dont les auteurs (père, mère, etc.) sont la source, les facultés morales des descendants de mille manières différentes affectant tantôt une partie, tantôt l'ensemble des pouvoirs intellectuels, atteignant une ou plusieurs générations.

De même et plus souvent encore, chez les descendants d'aliénés, on observe que les facultés mentales, isolément ou dans leur ensemble, sont entachées des caractères propres à l'intelligence de leurs auteurs, que la déraison des uns (qu'on nous permette cette expression), a déteint sur la raison des autres.

Ainsi, tantôt l'hérédité sera complète, c'est-à-dire que les descendants offriront les mêmes désordres intellectuels que leurs auteurs et, dans ce cas, chez les uns comme chez les autres il y aura délire, folie, dans l'acception ordinaire du mot : le délire sera reproduit dans ses caractères les plus saillants, dans ses nuances même les plus fugitives, avec ses conditions étiologiques ; on le verra faire explosion à la même époque de la vie, suivre la même marche..., etc.

Tantôt l'hérédité sera incomplète, c'est-à-dire que les anomalies de l'esprit seront moins nettement accusées ; elles le seront assez cependant pour qu'on ne puisse méconnaître leur origine, leur filiation avec d'autres anomalies plus prononcées et plus évidentes ; et quelle que soit l'idée qu'on s'en fasse, quelque dénomination qu'on leur donne, qu'on les appelle bizarreries, excentricités, etc., on n'en changera pas la nature, ce sera toujours du délire ou l'expression symptomatologique d'une lésion de l'organe intellectuel, d'intensité différente mais de nature semblable dans tous les cas.

Ce qui vient d'être dit, fait pressentir toute l'importance de l'hérédité et de quelle manière il faut l'envisager. Sans vouloir nous étendre plus longuement sur ce point, disons seulement encore qu'il faut considérer l'organe ou le système d'organes dans lequel a été déposé le germe maladif, comme étant dès le principe même de sa formation dans un véritable état anormal, et qu'en matière psychologique la prédisposition héréditaire est quelque chose de réel, de parfaitement saisissable dans ses effets, sinon dans sa cause matérielle, qui se traduit par des manifestations fonctionnelles d'une nature particulière et qui a sa raison d'être comme tous les phénomènes pathologiques.

Nous sommes donc en état de comprendre le rôle que dans tous les temps, aux époques principalement où la science, l'érudition n'étaient le partage que d'un petit nombre d'individus, ont dû jouer parmi leurs contemporains les esprits bizarres dont nous nous occupons ; on comprend aussi que l'esprit d'à-propos qu'ils possédaient, le tour mordant de leur langage leur aient donné un libre accès auprès des Grands et des Puissants et l'influence qu'il leur a été donné d'exercer sur ceux qu'ils approchaient.

Mais, nous ne saurions trop le répéter, cet ensemble constituait un état réellement morbide. Les alternatives de raison et de folie, les éclairs d'intelligence étaient dus à une sorte d'éréthisme cérébral passager qui modifiait plus ou moins profondément d'une manière inégale l'état habituel de l'intelligence.

Sans cesse sur les limites de la véritable folie, ces êtres étranges et exceptionnels les franchissaient souvent ainsi que l'atteste le récit des idées étranges, impossibles, extravagantes qui surgissent tout à coup de leur cerveau. Mais cet état violent d'orgasme cérébral était de courte durée : l'esprit, comme on dit, ne tardait pas à se refroidir, à redevenir ce qu'il était habituellement; disposition d'esprit instantanée et inhérente à la constitution morale de tels ou tels individus.

Quittant le domaine purement intellectuel, nous trouvons également cette influence étendue aux sentiments affectifs : « il arrive parfois, dit l'auteur de la *psychologie morbide*, que par le fait d'une surexcitation ressentie par les passions, ou bien de soulèvements partiels dus à une inégale répartition de la sensibilité, elles sont entraînées dans une sphère d'activité tout à fait exceptionnelle. De là l'étrange association dans un même individu des passions les plus diverses et les plus opposées, un inexplicable mélange de vices et de vertus, de grandeur et d'égoïsme, de générosité de pusillanimité, de courage, de douceur, de férocité. Parfois l'activité désordonnée des passions fait un contraste avec une faiblesse intellectuelle pouvant aller jusqu'à l'imbécillité... », et c'est ce cas que nous rencontrons le plus souvent dans l'étude que nous faisons des bouffons.

Passons donc rapidement en revue les caractères morphologiques qui distinguent les rachitiques, les faibles d'esprit, les imbéciles... etc., et l'on reconnaîtra combien nous sommes fondés à ranger les bouffons dans ces différentes catégories.

En première ligne nous trouvons le Rachitisme.

Rachitisme

Mens sana in corpore sano ; jamais axiome ne trouva plus juste application que dans le cas qui nous occupe.

Dans cette affection, en effet, le retentissement des lésions physiques non seulement est indéniable, mais reçoit une explication logique et toute naturelle. Ceci d'ailleurs ressortira de l'étude de cette affection.

Sous le nom de *Rachitisme*, on entend, on le sait, une maladie caractérisée physiquement par des troubles de la nutrition et du développement du tissu osseux, troubles entraînant des déformations diverses du squelette et, *psychiquement par un développement exagéré, anormal, mais le plus souvent passager, des facultés intellectuelles.*

Bien que l'existence de cette maladie remonte à une époque reculée, c'est à tort croyons-nous, qu'on a voulu qu'Hippocrate l'ait mentionnée dans ses œuvres. Les auteurs qui soutiennent cette opinion, s'appuient sur certains passages du traité *de Articulis,* qui ne sont pas, pour nous, à beaucoup près, des preuves que l'on puisse accepter sans conteste. On verra toujours dans les écrits du père de la médecine ce qu'on voudra y voir. C'est en vain qu'on demanderait à Galien, aux Arabes, une description du rachitisme, aucun d'eux n'a fait mention de cette maladie quoiqu'il ne soit pas douteux qu'elle ne leur fût connue. L'histoire n'a-t-elle pas flétri la mémoire de quelques peuples en conservant dans ses annales le souvenir d'une coutume barbare établie chez eux ? Ils donnaient la mort à tous ceux de leurs enfants qui, « nés avec des membres déformés, courbes, ne promettaient pas à l'État des hommes capables de soutenir toutes les fatigues de la guerre ». Si par exception quelques-uns pouvaient arriver jusqu'à l'adolescence, c'est que leurs mères prises de pitié, aimèrent mieux les abandonner à la charité publique que de les sacrifier en naissant.

Il faut arriver en 1580 pour trouver la première description de la maladie due à la plume autorisée de Glisson. Puis « vers le milieu du XVII° siècle (1630), dit Trousseau [1], les tables mortuaires de l'Angleterre firent mention pour la première fois d'une maladie dont les plus anciens habitants

---

1. Trousseau, *clinique médicale de l'Hôtel-Dieu.* — Art. Rachitisme.

et les plus vieux praticiens du pays ne se souvenaient pas d'avoir vu jusque-là d'exemples. On l'appelait dans le peuple *the Rickets*, mot vraisemblablement dérivé de celui de *Riquets*, par lequel on désignait dans notre idiome normand de cette époque, les individus bossus et mal conformés. »

Depuis les travaux de Glisson, les monographies se succèdent apportant chacune leur pierre à l'édifice et donnant une étude en rapport avec leur époque d'apparition.

Plus près de nous, ces phénomènes bizarres dont les facultés intellectuelles étaient le siège, attirèrent l'attention des hommes voués à l'étude des maladies de l'esprit et furent de leur part l'objet d'un examen approfondi. Bientôt, grâce à eux, la lumière se fit, et ce qui paraissait une anomalie reçut une application scientifique admise aujourd'hui sans conteste.

Les lésions du rachitisme sont excessivement variables dans leur degré et dans leur étendue, mais on peut dire d'une manière générale que la grosseur de la tête, la maigreur du corps, l'effilement des traits du visage, le gonflement des saillies osseuses qui environnent les extrémités articulaires, constituent physiquement les traits pathognomoniques de la maladie, qui se déclare le plus souvent avant que l'enfant ne commence à marcher, quelques fois après, dans le plus

P. MOREAU.

grand nombre des cas pendant le travail de la dentition.

Trousseau, avec la science d'exposition qui lui était propre, a tracé un tableau frappant de la marche de la maladie : « *Le premier phénomène qui se manifeste, dit-il, est un phénomène d'ordre psychique.* Avant que le corps ne soit frappé, 'intelligence présente des prodromes alarmants, indices graves des troubles qui surgiront à une époque plus éloignée. Un changement se fait dans le caractère. L'enfant devient indifférent aux jeux de son âge, s'attriste, préfère le repos, la solitude et fuit tout mouvement. La peau se décolore, puis on remarque le volume de la tête et l'amaigrissement du corps. Le visage est bouffi, le système musculaire sans forces. La maigreur des membres rend plus sensible encore l'augmentation de volume des articulations des membres qui sont tuméfiés et figurent une série de nœuds. Le petit malade ne se plaint d'aucune douleur vive, mais il est consumé par une fièvre lente, dont la marche est fort irrégulière. Le sommeil est troublé, le pouls souvent accéléré, le foie a augmenté de volume, les parois de l'abdomen sont tendues, météorisées. Plus que jamais le visage de l'enfant peint la tristesse et exprime une gravité qui n'est point naturelle à cette épobue de la vie. Les rides le sillonnent, les joues, sans ressort, comme celles du vieillard, tombent au-devant des angles de la mâchoireinférieure. Les dents percent le fond des alvéoles avec lenteur et difficulté. A peine paraissent-elles hors des gencives elles commencent à tomber par fragments : elles sont noires, profondément cariées, et sont détruites en peu de temps.

Le crâne volumineux fait un contraste étrange avec la face pâle, amaigrie, peu développée. Le front saillant et large ajoute au regard resté brillant et mobile. Puis la poitrine, le bassin, la colonne vertébrale, les membres prennent peu à peu cette déformation caractéristique de la maladie et que tout le monde connaît. » « La cavité thoracique, dit encore Trousseau, est rétrécie par l'aplatissement des côtes et les déviations du rachis : leurs extrémités sternales surtout sont tuméfiées et forment ainsi en avant une proéminence considérable. Les omoplates saillantes en arrière semblent se détacher du tronc. Du côté du bassin, l'axe de cette cavité perd de son étendue, ses diamètres se rétrécissent, l'arcade pubienne s'affaisse et se rapproche du sacrum. La colonne vertébrale se tord en différents sens et toujours en formant des courbures arrondies et des inflexions en sens contraire. Les os des extrémités abdominales fléchissent d'abord dans le sens de leur courbure naturelle et bientôt se tordent en différents sens... Les ongles s'allongent, s'amollissent, se contournent et sont profondément altérés dans leur organisation. A cette époque, quand la mort ne survient pas, les symptômes généraux s'amendent, les os prennent plus de solidité, mais ils conservent toujours leur torsion comme le crâne ses diamètres et l'enfant devient capable de se mouvoir. »

Il est utile de faire observer que dans bien des circonstances, la maladie ne parcourt pas un cercle aussi absolu : la déformation peut porter seulement sur un membre, sur un organe. Mais quoi qu'il en soit ces phénomènes physiques ne se montrent jamais sans avoir été précédés de symptômes d'une vive excitation du système nerveux.

C'est donc avec un étonnement toujours nouveau que l'on constate le développement précoce et l'énergie des facultés intellectuelles : les fonctions cérébrales sont dans un état d'éréthisme morbide qui fait de l'enfant rachitique un enfant à l'esprit vif, pénétrant, dont les saillies et les réponses étonnent. Plus que tout autre, susceptible de passions vives, cet infortuné a une perspicacité qui n'est pas de son âge.

Esquirol a connu à Bicêtre un rachitique qui résume en lui tout ce que nous venons de dire :

« Pendant que je faisais le service des aliénés de Bicêtre, en 1821, il mourut un imbécile rachitique de très petite taille, et dont le crâne était peu volumineux, la face très développée, sa physionomie était très mobile, *même spirituelle*. La face portait l'expression du sourire cynique et ressemblait beaucoup à celle de l'homme le plus célèbre du siècle dernier par la fécondité et le cynisme de son esprit. Notre imbécile était âgé de 34 ans quand il mourut: il était à Bicêtre depuis un grand nombre d'années. *Il passait sa vie à faire et à dire des malices et des espiègleries* il se livrait d'une manière horrible à l'onanisme et, la veille de sa mort, il fut surpris sur son lit essayant de satisfaire ce funeste penchant. Jamais il n'avait pu apprendre à lire ni à écrire, ni aucune profession. Il était très bavard et *avait parfois des réparties* qui surprenaient d'autant plus qu'il parlait habituellement sans suite, sans mesure, sans liaisons d'idées, déraisonnant toujours. Il marchait beaucoup, mangeait avec voracité, était malpropre, très peu soigneux de ses vêtements...[1] »

Cette description n'est-elle pas applicable de tout point au bouffon de cour et ne répond-elle pas à l'idée que nous nous en faisons?

---

1. Esquirol, *Maladies mentales*. Paris 1838, t. II, p. 77.

Lorsque la maladie s'empare d'un adulte, la tête déjà ossifiée n'augmentera pas de volume, mais les facultés intellectuelles subiront une modification très sensible et se feront remarquer par une énergie tout à fait anormale.

Cette persistance et cette acuité des facultés de l'intelligence, nous ne saurions trop le dire, constituent donc un phénomène de la plus haute importance au point de vue qui nous occupe. Elles nous donnent la clef de cet esprit d'à-propos, de cet esprit vif et mordant que nous remarquons chez les bossus et les rachitiques et les faisait autrefois rechercher comme bouffons. De plus, l'éducation qu'ils recevaient, les influences des milieux où ils vivaient, venaient en aide à la nature et les mettaient à même de remplir convenablement les fonctions qui leur étaient dévolues.

Habitués dès l'enfance aux railleries d'autrui et ne pouvant recourir à la force musculaire pour en tirer vengeance, ces êtres difformes se dédommageaient de leur infériorité physique par une liberté de langage et d'allures qui mettaient ordinairement les rieurs de leur côté. En général ils saisissent avec une incroyable facilité le ridicule des défauts de ceux qui paraissent les mépriser. Ils sont souvent du reste les premiers à se moquer de leur infirmité, et on se rappelle que le poète Scarron disait de lui-même qu'il avait « la forme d'un Z ». *Avoir de l'esprit comme un bossu* est un dicton que tout le monde connaît, et de fait, de tous les êtres atteints de difformité, ce sont les bossus qui ont généralement le plus d'esprit. Comme à toute règle il y a cependant des exceptions, pour ne citer qu'un exemple, le célèbre d'Alençon, atteint de gibbosité, voulait à tout prix passer pour un homme d'esprit quoiqu'il n'en eût que médiocrement. M. de Pons, un autre bossu, disait de lui avec une espèce d'indignation. « Cet animal-là déshonore le corps des bossus. »

Ces caractères de l'intellect ont, nous l'avons déjà dit, été étudiés par les psychologistes et découlent naturellement des modifications imprimées au système osseux, aux os du crâne en particulier et par suite à la substance même du cerveau. C'est ainsi que nous trouvons un développement précoce des facultés de l'intelligence : de plus, aucune cause pathologique ne venant comme chez les idiots en comprimer l'essor, ces facultés peuvent acquérir dans quelques cas un grand degré d'énergie, s'élever à une hauteur exceptionnelle ou tout au moins chez la plupart des individus dépasser la ligne moyenne.

Depuis longtemps aussi, on a signalé chez les rachitiques d'un âge peu avancé, une mobilité extrême, une turbulence exagérée qui demande à être surveillée. « Il arrive, dit Duverney[1], que les enfants sont turbulents, sans cesse en mouvement. » Van Swieten[2] va plus loin et, observateur attentif, il dit que la précocité d'esprit et d'intelligence est un signe fâcheux qui doit faire redouter le rachitisme. *In illis qui jam ambulare inciperant, noscitur adveniens malum... ab ingenii præmaturo acumine, sensuum sincero exercitio... Plerumque loquuntur quam incidant, quod in Anglia pro malo omine haberi solet.*

Un autre auteur du siècle dernier se montre non moins affirmatif : « Si la nature, dit Levacher[3], s'est montrée marâtre à l'égard des Rickets, quant à l'organisation corporelle, elle a épuisé toute la tendresse d'une mère et les trésors d'une reine quand elle a formé leur esprit et qu'elle l'a doté avec tant de profusion de ses plus précieux avantages... [4]. Les Rickets, dit encore le même auteur, sont à beaucoup d'égards bien plus sensibles que les autres enfants. C'est leur propre d'être plus vifs, plus opiniâtres, plus irascibles, en un mot, ils donnent en tout, même dans

---

1. Duverney, *Traité des maladies des os.*
2. Van Swieten. V. § 1486.
3. Levacher, *traité du Rachitisme*, 1772.
4. Le conte de Riquet à la Houppe n'est-il pas la reproduction exacte de l'idée exprimée dans ces lignes ?

les choses morales, les marques les moins équivoques d'un sentiment extraordinaire... »

Enfin, à une époque plus rapprochée, le professeur Guersant, en signalant le développement immodéré de l'encéphale chez les rachitiques, développement qui donne à la tête une forme quelquefois monstrueuse et analogue à celle que l'on observe dans certaines hydrocéphalies, ajoute que « les facultés intellectuelles prennent alors un très grand développement parce que toute l'activité vitale se trouve concentrée vers le cerveau [1] ».

« Les enfants qui sont atteints de rachitisme, dit encore Niepce [2], ont l'esprit plus pénétrant que les autres : les organes des sens bien disposés, la face bien pleine et bien nourrie, le teint coloré, tandis que les autres parties du corps sont maigres, décharnées, que les articulations deviennent volumineuses, que le tissu osseux devient mou et que les grands os se courbent. »

Les particularités physiologiques et psychologiques que nous venons de rappeler d'après les écrivains anciens, ne pouvaient échapper au savant qui a le mieux étudié l'action de l'organisme dans ses rapports avec le moral. « Il peut arriver,

---

1. Guersant, *Dictionnaire de Médecine*, 1843.
2. Niepce, *Traité du Goitre et du Crétinisme*, Paris, 1851.

dit Cabanis [1], que les dégénérations de la lymphe et la mixtion imparfaite du sang se manifeste par des phénomènes différents de ceux que nous venons de tracer. Les deux foyers hypochondriaques et phréniques peuvent acquérir une sensibilité particulière : le sang peut se porter en plus grande abondance vers le centre cérébral commun, et se trouver doué de qualités stimulantes extraordinaires, lesquelles, pour le dire en passant, paraissent tenir à certaines circonstances capables de troubler en même temps l'ossification. Ainsi donc, tandis que *les fonctions des organes qu'elles renferment se trouvent fortement excitées*, les parois osseuses affaiblies cèdent à l'impulsion intérieure, ces cavités s'agrandissent, *l'organe cérébral acquiert plus de volume et d'activité*, Quelquefois même, les organes des sens deviennent plus sensibles, acquièrent plus de finesse. On voit clairement que les fonctions du cerveau *doivent ici prédominer sur celles des autres parties*. Les dispositions analogues de tout l'épigastre où semblent se former, et que mettent, en effet, plus spécialement en jeu les affections de l'âme, doivent alors en multiplier les causes, en augmenter les forces, aiguiser pour ainsi dire presque toutes les impressions dont elles sont le

---

1. Cabanis, *Rapport du physique et du moral*, p. 295.

résultat. Toutes choses égales d'ailleurs, *le moral doit être plus développé ;* et c'est aussi ce qu'on observe ordinairement chez les enfants rachitiques ; car les faits contraires notés par quelques écrivains, paraissent n'être qu'une exception rare dans nos climats, et d'ailleurs ils s'expliquent par certaines circonstances particulières qui ne tiennent pas toujours à la maladie primitive et dominante. »

Au rachitisme se rattache d'une manière intime une affection dont l'action morbide ne lui cède en rien.

Nous avons nommé la SCROFULE.

Scrofule

Généralement, ou pour être plus exact, dans la presque totalité des cas, Scrofule et Rachitisme marchent de pair, se montrent simultanément les mêmes sujets, et il n'y a qu'à parcourir les chez hospices destinés aux enfants pour voir presque toujours ces deux affections réunies chez les idiots et souvent aussi chez les imbéciles et les arriérés.

Le même fait s'observe également chez les individus ayant subi, seulement au point de vue physique, la loi de dégénérescence héréditaire, l'activité cérébrale psychique ayant suivi, dans son développement, sa marche régulière et normale.

Les scrofuleux qui sont le plus ordinairement de petite stature peuvent parfois atteindre une taille démesurée. Lugol [1] qui a fait de la scrofule une étude toute spéciale, a eu dans son service à Saint-Louis des enfants de 18 à 20 ans, n'ayant que de $1^m 20$ à $1^m 30$ [2]. D'autres du même âge avaient de $1^m 65$ à $1^m 70$ et même $1^m 95$. Il est à remarquer que chez ces malades, les articulations sont souvent volumineuses, le tronc et les membres manquent de symétrie et n'ont pas plus de proportion que chez ceux dont l'accroissement a été arrêté : ils ont généralement la tête trop petite ou trop grosse, ils portent fort mal leur corps : ils en sont embarrassés.

La peau, le tissu cellulaire sont d'une maigreur très prononcée ou bien dans un état d'hypertrophie singulière, d'hypertrophie indurée, qui grossit les formes outre mesure.

L'harmonie symétrique des deux plans du corps est souvent détruite ; il semble que dans la jonction de ces deux moitiés l'une se trouve placée

---

1. Lugol, — *Recherches et observations sur les maladies scrofuleuses.* Paris, 1844.
2. Voir au musée Dupuytren le squelette d'un de ces individus.

plus haut et plus en avant que l'autre. Chez quelques enfants la poitrine est en carène, les côtes sont tordues, le sternum fait saillie en haut et en avant, les différentes pièces qui le composent se dessinent sous la peau. Le diamètre antéro-postérieur du thorax a plus d'étendue que le transversal. Cependant cette conformation vicieuse peut changer d'une manière progressive entre 8 et 12 ans, et la cage osseuse de la poitrine se rapprocher de la normale.

Le professeur Bazin insiste également sur cette déformation [1]. « Le thorax du scrofuleux, dit-il, est aplatie d'avant en arrière et, sur les côtés, à sa partie supérieure, il présente une forme de quadrilatère : le sternum est souvent bombé en arrière : les membres manquent ordinairement de proportion avec le reste du corps ; de là cette gaucherie dans les attitudes et les mouvements que l'on observe chez tous les scrofuleux. La colonne vertébrale est fréquemment déviée de différentes manières ; le crâne est généralement très développé dans sa partie postérieure, le front est bas, le cou court, les mâchoires larges et fortement accusées. »

Il n'est pas rare non plus d'observer un défaut de réunion sur un ou plusieurs points de la

---

1. *Gazette des Hôpitaux*, n° 538.

ligne médiane, et ce sont les sujets scrofuleux qui présentent le plus communément des exemples d'écartement de la ligne blanche, des becs de lièvre, simples ou compliqués de la séparation des os de la voûte palatine et des deux moitiés du voile du palais.

En résumé, exagération d'une part, et de l'autre diminution des forces organiques : telle est la loi générale à l'aide de laquelle on explique presque toutes les modifications des appareils fonctionnels et organiques chez les scrofuleux. Dans tous, c'est un contraste frappant et leur aspect extérieur, leur aspect physique bizarre, difforme, grotesque, nous explique le choix que les grands faisaient de ces malheureux pour l'amusement de leurs cours.

Sous le rapport intellectuel, l'opposition n'est ni moins grande ni moins saillante. A côté de facultés brillantes de l'esprit, on rencontre l'idiotisme et lorsqu'on trouve l'intelligence, l'intelligence ordinaire s'entend, on remarque l'absence d'application et de suite dans les idées.

Le scrofuleux n'éprouve généralement aucune vivacité *soutenue* des appétits physiques ni des facultés intellectuelles, ni des sentiments moraux. Il n'a rien de normal, rien de fort, rien de durable. Ainsi, dans le caractère, on trouve l'irascibilité ou la mansuétude, dans les appétits brutaux, la boulimie ou l'inappétence, le désir immodéré des rapprochements sexuels ou la frigidité la plus absolue.

Sans vouloir nous appesantir davantage sur ce sujet, tirons-en les conclusions qui nous paraissent en ressortir d'elles-mêmes, et tout d'abord avec l'auteur de la *Psychologie morbide* remarquons l'analogie entre les constitutions rachitiques, scrofuleuses, nerveuses, analogie de conformation de structure, développement exagéré du crâne et du cerveau, gonflements des articulations difformités résultant des altérations du système osseux, des os longs en particulier... etc., analogie des individus chez lesquels existent les diathèses scrofuleuses et rachitiques à titre soit simplement de prédisposition héréditaire, soit de maladie confirmée, analogie au double point de vue physique et moral avec les idiots et les imbéciles.

Analogie du développement des facultés intellectuelles morales et instinctives, vitalité exubérante dans le premier âge, précocité d'esprit.., etc.

Si ensuite, nous reportant à des travaux antérieurs de mon père on veut bien se rappeler que les fous et les idiots proviennent d'une même souche, que la différence qui existe entre eux au point de vue symptomatologique, tient uniquement à ce que la cause morbifique a exercé son action à des époques différentes de la vie, nous pouvons et nous devons nécessairement conclure que les individus entachés de vices scrofuleux et rachitiques présentent physiquement, moralement les mêmes conditions d'organisation que les aliénés.

Faibles d'Esprit

Après avoir signalé deux des principales affections qui ont un égal retentissement sur le physique et le moral, nous sommes amenés à étudier certains individus jouissant le plus ordinairement d'une bonne constitution physique et dont les facultés morales et affectives seules ont reçu une atteinte plus ou moins profonde. Les premiers qui se présentent à nous constituent pour ainsi dire le trait d'union entre l'homme sain d'esprit et l'aliéné que l'on a si justement appelé « par défaut » (imbéciles, idiots, crétins...) : ce sont les faibles d'esprit.

Au premier abord l'aspect de ces individus ne présente rien qui les différencient des autres hommes, mais pour peu qu'on les étudie en détail, on est frappé de l'étrangeté de leur mise, et le même étonnement se manifeste quand on veut scruter un peu leur intelligence, leur savoir. — Chez eux tout est superficiel : sans opinions personnelles, ils prennent leurs idées toutes faites chez l'un, chez l'autre, où ils les trouvent : Sans aucune initiative, ils cherchent instinctement quelqu'un à qui obéir. Leur mise est extravagante : ils ne redoutent pas, recherchent même des vêtements à coupe excentrique, et leur goût pour les couleurs vives et éclatantes leur fera choisir les étoffes les plus disparates.

Rappelant tous les travaux de ses devanciers, M. Dagonet a tracé un portrait de tous points exact du faible d'esprit[1] : « Parmi les faibles d'esprit, les uns sont d'une indolence extrême et se trouvent sous l'influence d'un état dépressif, les autres au contraire sont d'une pétulance sans bornes, semblent être gouvernés par une puissance expansive. Ces derniers se meurent continuellement : ils veulent se montrer utiles et nécessaires partout et en toutes les occasions, et ont été bien décrits par Lafontaine dans sa fable de « le *coche et la mouche*. » Ils se livrent avec ardeur à une foule de travaux qu'ils abandonnent avec autant de facilité qu'ils avaient mis d'empressement à les entreprendre.

Sous le rapport des facultés intellectuelles, l'association des idées laisse beaucoup à désirer...

---

1. Dagonet. *Nouveau traité élémentaire et pratique des maladies mentales*. Paris, 1876.

ils savent cependant facilement imiter, mais lorsqu'ils puisent leur inspiration en eux-mêmes, ils tombent dans le grotesque : il existe chez eux une grande mobilité d'esprit, ils n'ont aucune énergie de volonté. Ils sont suceptibles d'une bonne éducation, mais ils se feront toujours remarquer en société par la fatuité qui leur est inhérente et dont ils ne sauraient se dépouiller. Le simple d'esprit a beaucoup de penchant à parler seul ; d'autres fois il est très bavard en société, s'écoute parler et rit des saillies qu'il croit avoir dites. Sa conversation est stérile : elle peut briller par les dehors et à première vue un homme de cette catégorie peut paraître instruit, mais on s'aperçoit bien vite que ces dehors brillants sont trompeurs et cachent un esprit borné, incapable de raisonner juste, de juger les choses à leur véritable point de vue, un esprit simplement recouvert d'un vernis de faits historiques plus ou moins bien classés dans une mémoire fonctionnant machinalement.

Dans une conversation, le faible d'esprit pour exprimer les choses les plus simples se servira de périphrases, et aura recours aux expressions sonores et ronflantes. Il ajoute volontiers foi aux contes qu'on lui débite. Il se laisse facilement entraîner dans les erreurs les plus grossières des préjugés populaires : Aussi ces malades sont-ils particulièrement les victimes des charlatans, de la superstition.... Le sens moral cependant existe chez ces individus et peut être perfectionné. Le simple d'esprit est très vantard et par cela même qu'il est très poltron, il vous entretiendra constamment soit de ses duels, soit des dangers qu'il a courus dans telle ou telle circonstance, espérant se rendre intéressant par là. Alors seulement dans ce cas, il donne essor à son imagination, qui devient réellement féconde. Il est très susceptible et par contre très irritable. Lorsqu'une querelle est survenue entre lui et une personne de son entourage il se démène comme un possédé : gesticule, élève la voix et cela d'autant plus fort qu'il voit son adversaire plus intimidé : on voit qu'il cherche à s'exciter, mais tout cela tombe comme par enchantement devant un maintien ferme et calme... Il est bouffi de prétention. Si sa position sociale le met en relation avec de hauts personnages, il ne manquera pas de faire valoir ses relations comme un mérite personnel et il citera à tous propos les noms de ces personnes. Il est fier et hautain envers ses supérieurs. Ses sentiments affectifs sont le plus souvent exagérés et empreints du cachet de l'égoïsme. S'il a des enfants, il ne saura pas bien les diriger. Il les aimera d'une affection aveugle qui ne lui permettra pas de s'imposer le moindre sacrifice dans ses sentiments pour assurer l'avenir de ces mêmes enfants... Il demande à être plaint ou choyé et est malheureux si on ne s'occupe pas de de lui... Peu apte à envisager avec rectitude la somme de ses capacités intellectuelles, il se croit généralement incompris et au-dessus de la position sociale qu'il occupe...

A un degré plus avancé dans l'échelle morbide, après le faible d'esprit se place l'*imbécile*.

Imbécillité

Depuis longtemps la distinction avait été faite et dans son traité sur l'*Entendement humain*, Locke, frappé de l'association vicieuse des idées, en avait fait le caractère particulier de la folie et cherchant à différencier les fous des imbéciles il dit : « Il me semble que le défaut des imbéciles vient du manque de vivacité, d'activité et de mouvement dans les facultés intellectuelles, par où ils se trouvent privés de l'usage de la raison : les fous au contraire semblent être dans l'extrémité opposée, car il ne me paraît pas que ces derniers aient perdu la faculté de raisonner : mais ayant joint mal à propos certaines idées, ils les prennent pour des vérités et se trompent de la même manière que ceux qui raisonnent juste sur de faux principes. Après avoir converti leurs propres fantaisies en réalités, par la force de leur imagination, ils en tirent des conclusions souvent fort sages. Ainsi vous verrez un fou qui s'imaginant être roi, prétend par une juste conséquence être servi, obéi et honoré selon sa dignité. D'autres qui ont cru être de verre ont pris les précautions nécessaires pour empêcher leur corps de se casser. De là vient qu'un homme fort sage et de très bon sens en toute autre chose, peut être aussi fou, sur un certain article qu'aucun de ceux qu'on enferme dans les petites maisons, si par quelque violente impression qui se soit fait subitement dans son esprit ou par une longue application à une espèce particulière de pensées, il arrive que des idées incompatibles soient jointes si fortement ensemble dans son esprit, qu'elles y demeurent innées. Mais il y a des degrés de folie aussi bien que d'imbécillité, cette union déréglée d'idées étant plus ou moins forte dans les unes que dans les autres ; en un mot il me semble que ce qui fait la différence des imbéciles avec les fous, c'est que les fous joignent ensemble des idées mal assorties et forment ainsi des propositions extravagantes, sur lesquelles néamoins ils raisonnent juste, au lieu que les imbéciles ne forment que très peu ou point de propositions et ne raisonnent presque pas. »

Si cette distinction est juste, vraie en certains

points, il s'en faut bien qu'on puisse l'appliquer à tous les aliénés : plusieurs des variétés du délire de l'intelligence ne tiennent pas à une association vicieuse des idées ; tous les délires des passions ont un principe entièrement différent. La définition de Locke concernant la folie ne serait applicable qu'à un certain nombre des aliénés que l'on désigne encore sous le nom de *Monomaniaques*.

D'une manière générale, les imbéciles n'offrent pas les déformations corporelles que nous trouvons chez les idiots : plusieurs ont une taille élevée, acquièrent des proportions régulières ; le visage, sans présenter une coupe parfaite, tend par l'assemblage et l'expression des traits à se rapprocher du visage des autres hommes. Chez les femmes on rencontre quelquefois une véritable beauté. En 1883, il y avait à la Clinique des maladies mentales, dans le service du professeur Ball, deux jeunes filles imbéciles qui pouvaient passer pour très jolies. C'est ce qui explique, disons-le en passant, que de telles femmes trouvent assez souvent des maris qui se contentent d'un médiocre développement de l'intelligence pourvu que le physique soit à leur gré.

La plupart des imbéciles connaissent l'importance des soins de propreté, plusieurs aiment les habits éclatants et la parure, et si leurs gestes, leur allure, la bizarrerie de leur mise ne trahissaient pas souvent la faiblesse de leur esprit, peut-être ne soupçonnerait-on pas toujours de suite les conditions fâcheuses où se trouve leur entendement.

Les idées qui naissent, qui jaillissent pour mieux dire dans l'esprit des imbéciles ont de la force et de la justesse, mais la durée en est trop rapide, et elles cèdent leur place à d'autres idées ou s'éteignent avant que leurs conséquences aient pu se développer. Souvent, avec des paroles gaies, suivies, on voit coïncider un air de tristesse, des pleurs et des sanglots, ou bien réciproquement, avec un air de bonheur, des paroles exprimant des idées affligeantes ; des passions exagérées, bizarres par leur caractère ou leur apparition inattendue, la brusquerie de leur chute, la variation de leur durée..., etc., complètent la scène.

Parfois, l'imperfection cérébrale se traduit par une déformation physique extérieure. Excessivement variées dans leurs manifestations, les plus frappantes portent sur la tête, le crâne, la face et en particulier sur la cavité buccale, dont l'altération la plus habituelle est l'étroitesse des arcades dentaires, liée à la voussure exagérée de la voûte palatine : souvent aussi on voit des dents surnuméraires parfois en nombre considérable. Les oreilles sont aussi fréquemment mal conformées, désourlées, trop détachées du crâne et ressemblent assez aux oreilles de certains singes. Chez eux on trouve assez souvent des déformations rachitiques plus ou moins prononcées et surtout des mains courtes et massives, des pieds bots, des hémiplégies partielles, enfin, dans les cas les plus graves, des atrophies unilatérales du corps, qui s'accompagnent de contractures permanentes, surtout de l'avant-bras sur le bras et de la main sur l'avant-bras. Les tics, les mouvements automatiques, sont très fréquents : beaucoup de ces imbéciles se balancent sans cesse, tournent sur eux-mêmes, encensent, font l'ours, pour employer une expression en usage dans les services spéciaux, ne peuvent tenir en place, font des grimaces... etc ; ils réalisent en quelque sorte le mouvement perpétuel. C'est là un phénomène bien curieux, bien étrange, qui frappe d'étonnement ceux qui pour la première fois visitent un service où sont réunis ces malheureux.

Les organes des sens sont ou du moins paraissent ordinairement assez bien conformés. La vue, le goût, l'odorat, sont le plus souvent intacts ; mais en revanche le sens du toucher laisse à désirer, et leur maladresse manuelle doit être en grande partie attribuée à l'imperfection de leur tact.

Pour peu qu'on étudie ces êtres incomplets, on est de suite frappé de l'inégalité avec laquelle leurs différents sens sont atteints. Ils présentent à cet égard les différences les plus absolues. L'ouïe notamment peut manquer complètement ou acquérir une finesse et une précision remarquables, alors que le goût, l'odorat ou le tact restent plus ou moins obtus.

Sous le rapport intellectuel, moral, les différences ne sont pas moins sensibles.

De même que nous l'avons vu pour les organes de relation, l'insuffisance est loin de porter à un degré égal sur toutes les facultés, sauf, bien entendu le cas rare d'ailleurs d'une dégradation absolue. Tandis que certaines facultés sont complètement ou presque complètement absentes, il en est d'autres au contraire qui sont susceptibles d'un assez grand développement. Tantôt c'est la mémoire qui est excessivement étendue, alors que le jugement ou l'association des idées manque complètement, et encore la mémoire peut-elle être grande sur certains points limités, le calcul, la géographie, l'histoire, les noms d'hommes, les dates, la musique.., par exemple et faire défaut sur tout le reste. Parfois cependant leur esprit brille d'un éclat inaccoutumé et c'est alors qu'on reste stupéfait de leurs réparties vives et fines. Mais, extrêmes en tout, ces esprits ne procèdent que par sauts et par bonds. Cette activité désordonnée ne se révèle que par d'éclatantes lueurs qu'une obscurité profonde suit immédiament. Tantôt leur pensée est raide, fixe, défiante, comme celle des monomaniaques, tantôt voilée, mystérieuse, prophétique, comme celle de certains fous religieux, pleine d'irritation et de colère comme celle des maniaques.

Ce que nous rencontrons pour les facultés intellectuelles, nous le retrouvons également pour les facultés morales et affectives qui peuvent être incomplètes ou absentes sans qu'il y ait un rapport de proportion constante entre le développement des uns et celui des autres. Il est un certain nombre d'imbéciles qui ont le sentiment du bien et du mal, du tien et du mien. Presque tous sont gourmands et gloutons et savent mettre au service de leurs défauts une certaine astuce. Parfois ils se montrent affectueux et reconnaisssants pour leurs parents ou les personnes qui prennent soin d'eux; dans d'autres moments au contraire, indifférents et ingrats. Très souvent ils se livrent sans aucun motif soit sur des animaux soit sur leurs semblables, à des actes du méchanceté qui paraissent révoltants, ainsi que nous avons eu occasion de le signaler [1].

---

[1]. *L'homicide commis par les enfants.* Asselin éditeur, Paris, 1882.

Dans sa *Psychologie Morbide*, mon père a traité avec beaucoup de détails ce qui a trait à l'état psychologique des imbéciles et les idiots : « La précocité d'esprit que l'on remarque, dit-il, chez les idiots et les imbéciles, est un des phénomènes de psychologie morbide qui mérite le plus de fixer notre attention et dont on comprendra la portée quand il s'agira d'apprécier psychologiquement l'origine et la nature de certaines intelligences ; origine et nature sur lesquelles on s'est fait jusqu'ici les opinions les plus chimériques et les plus contraires à la vérité.

La précocité chez les idiots et les imbéciles a été indiquée par quelques auteurs, elle a été omise par le plus grand nombre. Cette omission tient selon nous, à ce que ces derniers, en parlant des idiots, ne se proposaient pour but que de faire connaître l'état symptomatologique *actuel* de leurs malades, et sous ce rapport, ce qu'a dit Esquirol entre autres, laisse peu à désirer.

Or de l'enquête à laquelle on se livre auprès des familles, on arrive à résumer ainsi les renseignements obtenus : il est avéré qu'avant d'être empêchés, arrêtés dans leur développement moral et intellectuel, un grand nombre d'enfants, d'adultes même, ont fait preuve de facultés hâtives et précoces, ont été ainsi qu'on a coutume de les appeler, des *enfants prodiges*. « Quelques fois, dit Esquirol, les enfants naissent très sains, ils grandissent en même temps que leur intelligence se développe, l'esprit est très actif »[1], facultés dont il survit quelques traces, alors même que la déchéance est arrivée. C'est le cas des bouffons.

C'est principalement chez les sujets de constitution rachitique et scrofuleuse, dont la tête au moment de la naissance ou peu de temps après présente plus ou moins d'irrégularité dans ses proportions, que l'on observe un développement prématuré des facultés intellectuelles, et aussi que l'anéantissement de ces facultés est plus rapide et plus complet.

Il n'en est pas tout à fait de même de ceux chez qui le vice héréditaire est traduit par un excès de névrosité. La précocité intellectuelle est moins marquée : l'ensemble du moral est frappé au coin d'une certaine excentricité. On peut douter, même, que ces facultés soient parfaitement saines, quoique vives et parfois brillantes. On voit fréquemment chez un individu prédominer certaines aptitudes spéciales qui contrastent d'ordinaire avec une véritable infériorité intellectuelle.

Une autre particularité psychologique sur laquelle il faut fixer l'attention, c'est l'état d'excita-

---

[1]. Esquirol, *Des maladies mentales*, Paris, 1838.

lation, de mobilité intellectuelle que l'on observe chez la plupart des idiots et des imbéciles ; chez les uns d'une manière permanente et continue, chez les autres, tantôt à une époque de leur vie, tantôt à une autre, principalement durant les premières années ou bien encore par intervalles et alternant, comme cela se voit chez certains maniaques, avec un état de prostration, de stupeur. L'excitation marche souvent de pair avec la précocité d'esprit, mais ne s'accompagne généralement pas de signes capables d'inspirer aucune crainte sérieuse pour la santé morale des enfants. Cependant on observe de temps à autres quelques troubles nerveux très légers, fugaces, tels que des prodromes d'hystérie, d'épilepsie, de chorée, des terreurs nocturnes, de l'assoupissement ou même du coma et une sorte de sommeil léthargique venant saisir les enfants dans le jour, au milieu de leurs jeux, des ennuis, des tristesses sans motifs, certaines douleurs gravatives dans la tête, à la nuque le plus souvent, etc.

Ces enfants se font remarquer par une mobilité de pensées, une instabilité de désirs et de caprices, qui ne sont égalées que par leur turbulence, leur besoin incoercible d'aller et venir, de se mouvoir sans but déterminé, passant rapidement d'une chose à une autre, prenant puis abandonnant pour le reprendre et l'abandonner encore l'objet qu'ils convoitent. Ceux dont l'intelligence a atteint un certain degré de développement, sont en général bavards, indiscrets, questionneurs, se répètent souvent, nient, affirment sans réflexion, mentent sans intérêt et pour le plaisir de mentir : ils font le désespoir de ceux qui s'occupent d'eux. La mère d'un idiot nous disait que vers l'âge de six ans, son fils était devenu irritable et ne pouvait demeurer un instant en place. « Il semblait, disait-elle, que quelque chose le forçait à changer continuellement de place, sans lui permettre de rester un instant tranquille, on eût dit qu'il était mû par des ressorts. »

Quiconque a pu voir et étudier les deux petits idiots qui, sous le nom d'*astecs* (il y a une vingtaine d'années) ont occupé la curiosité publique peut se faire une idée de ce genre de mobilité, de ce genre de mouvement perpétuel qui distinguent quelques-uns des idiots placés dans nos hospices « Les médecins qui ont assisté à l'exhibition de ces malheureux petits êtres faite à l'Académie de médecine, ont pu remarquer comme nous, dit mon père, leur pétulance vraiment extraordinaire. Si on les prenait dans les bras, ils se débattaient avec impatience, tournaient la tête rapidement, dans toutes les directions sans arrêter leur regard sur aucun point. Abandonnés à eux-mêmes on les voyait courir d'un endroit de la salle à l'autre, sautillant, gambadant, touchant à tout, dérangeant tout, dominés, entraînés par le besoin de se mouvoir et d'agir. »

Au lieu et place d'*aztecs* qu'on lise *midgets*, et la description sera identique pour les deux petits êtres qui se sont fait voir à Paris en 1882--1883.

Aux penchants de mauvaise nature, les imbéciles, c'est-à-dire cette classe d'individus dont les facultés se sont développées jusqu'à un certain point, joignent souvent une grande faiblesse de caractère. Il est d'autant plus facile de les entraîner à des actions blâmables, criminelles même, qu'ils sont incapables d'en comprendre la portée et les conséquences possibles, qu'aucune voix ne s'élève dans leur conscience pour les en détourner, ou tout au moins pour se faire bien entendre.

On conçoit d'après cela que les individus dont nous parlons deviennent facilement, entre les mains d'hommes intelligents et pervers des instruments extrêmement dangereux, des aides, nous ne voulons pas dire des complices, d'autant plus redoutables qu'ils n'ont pas de volonté propre et agissent irrésistiblement sous l'impulsion d'autrui. « Les imbéciles, dit Esquirol, sont généralement timides, craintifs et obéissants. » Ils ont des penchants plus ou moins impérieux et quelquefois pervers. Ils volent pour satisfaire leur gloutonnerie, ils volent pour se procurer des objets de toilette ou pour tout autre motif. »

Il y aurait de longues pages à écrire si l'on voulait approfondir chaque point du caractère de l'imbécile. Tel n'est pas notre but : nous avons simplement voulu donner un tableau d'ensemble qui permît d'apprécier convenablement le rapport, la similitude que nous établissons entre les bouffons et les imbéciles, et à ce titre nous croyons avoir assez dit.

Crétinisme

Il est peu probable que les crétins aient jamais eu l'honneur de paraître à la cour à titre de fous.

Bien qu'ils aient été et soient encore le jouet de leurs concitoyens, leur intelligence était trop faible et manquait surtout de ce brio, de cette répartie vive que l'on recherchait ; s'il y en eut, ils appartenaient à cette classe de *crétins physiques* qui présentent d'une manière plus ou moins complète tous les caractères du type et qui cependant jouissent d'une intelligence parfaitement normale.

Les crétineux, pour nous servir d'une classification peu rigoureuse mais utile en pratique, bien que présentant une intelligence faible sont cependant capables d'actes raisonnés. Souvent, ils ne diffèrent pas des individus d'une intelligence médiocre, mais ils offrent toujours plus ou moins l'indice des caractères propres au crétinisme. Esquirol a tracé en ces quelques lignes *l'habitus* du crétin : « La taille est petite, la peau pâle, blafarde, livide, flasque, ridée, les muscles sont mous, rétractés, sans force, leurs membres sont gros, épais, leur ventre très volumineux. La tête est plus souvent grosse, tantôt aplatie postérieurement, tantôt déprimée au sommet. Les cheveux sont fins et blonds : les yeux sont écartés, cachés sous les arcades orbitaires et chassieux. Les paupières sont rouges et larmoyantes, le regard est louche et stupide, le nez est épaté, les lèvres sont épaisses. La langue est pendante, la bouche mi-ouverte est inondée de mucosités qui coulent sur leurs vêtements. La mâchoire inférieure est allongée : la face est bouffie, ce qui la fait paraître carrée, la physionomie sans expression est stupide. Quelques crétins ont le cou gros et court, d'autres l'ont allongé et grêle ; tous n'ont pas de goîtres : la plupart ont des membres abdominaux inégaux, courts, infiltrés, leur démarche est lente, gauche et mal assurée. Ils sont d'une excessive malpropreté et de plus gloutons et très lascifs... »

Sous le rapport intellectuel, ils ressemblent aux

idiots et les plus avancés d'entre eux aux imbéciles. Comme ces derniers, à côté d'une intelligence rudimentaire, ils présentent quelques aptitudes spéciales et sont susceptibles d'un certain degré de développement et de culture. La mémoire est souvent très puissante chez les crétins. Elle surnage en quelque sorte au naufrage de l'intelligence prise dans son ensemble. Mais, ne l'oublions pas, la distinction des crétins en trois ordres est toute théorique ; en réalité, si au physique il y a déjà difficulté réelle à établir une distinction entre les crétineux, demi-crétins et crétins, la difficulté n'est pas moindre lorsque se basant sur l'intelligence, les qualités morales, l'instinct même, on veut établir des caractères différentiels nettement tranchés entre les crétins des divers degrés et les simples idiots ou les imbéciles. Le passage de l'un à l'autre de ces états se fait insensiblement et il est difficile de saisir le lien qui réunit les échelons extrêmes, et pourtant incontestablement le crétin tient de l'idiot et de l'imbécile, par l'intelligence du rachitique, et du scrofuleux par le corps. Il y a un véritable métissage, palpable, tangible, indéniable, mais dont on a peine à expliquer le mécanisme de formation : c'est là un de ces nombreux secrets que la nature cache encore à nos yeux et que jusqu'à présent il ne nous est pas donné d'approfondir.

Monstres

Nous ne pouvons quitter cette étude, ou pour parler plus justement cette revue que nous venons de faire des rachitiques, des imbéciles, des idiots, etc. qui fournissaient autrefois les bouffons, sans rappeler que des êtres plus disgraciés encore physiquement et moralement ont eux aussi servi de jouet et d'amusement aux riches et aux puissants. Aujourd'hui, simple objet de curiosité les *monstres* ont compté parmi leurs ancêtres un bouffon en titre d'office.

Mais avant, qu'on nous permette de rappeler brièvement ce qu'il faut entendre par ce mot : monstre.

Sous ce titre nous entendons désigner des êtres bizarres, qui présentent une conformation insolite dans la totalité de leurs parties ou seulement dans quelques unes d'entre elles.

Les monstres, d'après ces différentes conformations ont été divisés en : *Monstres par défaut*, c'est-à-dire qui sont privés d'un ou plusieurs organes ou de diverses parties du corps... *Monstres par excès*, qui ont des organes plus nombreux qu'à l'ordinaire... *Monstres doubles*, individus qui ont été lié l'un à l'autre d'une façon plus ou moins complète. Ce sont ces derniers qui présentent le plus d'intérêt, ce sont eux aussi que nous étudierons plus spécialement[1].

Tout récemment, l'attention publique vient d'être rappelée sur ces individus étranges par la communication que M. P. Bert a faite sur un de ces phénomènes observé par lui.

Il s'agit d'un enfant de cinq ans, du sexe masculin, qui a deux têtes, deux thorax, quatre bras, un seul abdomen et une seule paire de jambes. La fusion de ces deux individus se fait à l'ombilic ou si l'on veut c'est un être double au-dessus de l'ombilic simple au-dessous. Il y a deux cœurs, quatre poumons, deux estomacs, probablement deux duodénum. Au-dessous, l'unité anatomique est nette pour l'anus, les organes génitaux et les membres inférieurs. Mais si, dans cette partie inférieure il y a nettement unité anatomique, il y a dualité physiologique. Chacun de ces deux monstres se rapporte au membre inférieur qui est de son côté : ils jouent, ils se battent à l'aide de leurs jambes qu'ils opposent l'une à l'autre. Ces deux êtres se ressemblent par les traits du visage. Ils jouissent d'une intelligence assez développée. Ils parlent français, italien et allemand. Ils sont bien portants. Ils ne peuvent marcher : Ils sont distincts et indépen-

---

1. Voir spécialement le travail du Dr E. Martin, intitulé *Les monstres depuis l'antiquité jusqu'à nos jours*. Reinwald 1880.

dants l'un de l'autre dans leurs efforts intellectuels : ils dorment et mangent alternativement et indépendamment l'un de l'autre. La sensation de la faim et de la soif est également indépendante. Si l'un mange cela ne suffit pas à l'autre. La dualité de l'estomac entraîne la dualité de la réplétion et de la satisfaction. Ce monstre, ajoute P. Bert, vivra-t-il ? Il n'y a pas de raison pour qu'il ne vive pas. Toutefois, les chances de mort sont double puisque la mort de l'un entraîne la mort de l'autre...

Sous le rapport psychique, les montres doubles, quand ils parviennent à vivre peuvent avoir des constitutions psychiques différentes ;

Sans vouloir faire l'historique des monstres les plus célèbres citons seulement les frères siamois qui vécurent jusqu'à l'âge de 63 ans, se marièrent et eurent des enfants. Distincts et indépendants l'un de l'autre dans leurs efforts intellectuels, la dualité morale était chez eux bien tranchée ; tristesse de l'un, joie de l'autre, le calme et la colère, l'entretien entièrement différent qu'ils pouvaient soutenir avec plusieurs personnes, la sobriété de l'un et la tendance de l'autre à se livrer à la boisson, etc.

De même en était-il de Ritta et de Christina observées par M. Serres[1].

1. Serres, *Théorie des formations et des déformations orga-*

Les jumelles de Presbourg, qui étaient réunies seulement par l'extrémité postérieure du thorax, différaient complètement de caractère. L'une était belle, douce, posée, peu sensuelle, l'autre laide méchante, querelleuse, ardente. Les violences de la dernière contre sa sœur et leurs disputes étaient si fréquentes que, dans le couvent où le cardinal de Saxe, Zeits, les avait placées, on se vit obligé de leur affecter une surveillante qui ne les quittait point. Elles vécurent en dépit de leur désunion jusqu'à l'âge de 22 ans.

Le fou de Jacques IV d'Écosse (1488-1513), était un monstre double.

Des deux êtres qui le composaient l'un était plein d'intelligence et de verve. Il était bon musicien et, par sa beauté aussi bien que par son esprit, charmait les dames de la cour. L'autre au contraire était lourd, idiot et ivrogne, à tel point qu'il finit par tuer son frère en mourant lui-même alcoolique. Ces deux êtres n'étaient jamais d'accord : ils se battaient et s'arrachaient la bouteille des mains, l'un pour boire, l'autre pour la jeter[1].

niques appliquée à l'anatomie de Ritta-Christina (Mémoires de l'Académie des sciences, 1832).

1. Dans ces cas, lorsque l'un des deux êtres est mortellement atteint, c'est l'autre, celui qui reste bien portant, qui meurt le premier. C'est là un fait d'observation qui n'a pas encore reçu d'explication satisfaisante.

Bien que ce fait du bouffon de Jacques IV soit le seul qui nous soit connu, il nous a paru néanmoins assez intéressant et assez curieux pour motiver les quelques lignes précédentes et mériter d'arrêter un instant l'attention.

DES BOUFFONS EN GENERAL

Les bouffons étaient choisis dans certains groupes d'individus et nous verrons que certaines familles avaient même le privilège de fournir des bouffons à la cour du roi de France, triste exemple, mais preuve irréfragable de la puissance de l'hérédité !

Il y avait donc des dynasties de bouffons : le bibliophile Jacob [1], citant Guillaume Bouchet dans ses *Sérées* nous donne ici de curieux détails : il s'agit d'un idiot que Dieu ayant créé et mis au monde avait laissé là.

« Ce serviteur estoit d'une famille et d'une race dont tous estoient honnestement fous et outre tous ceux qui noissoient en la maison où ce serviteur estoit né, encore qu'ils ne fussent de sa ligne, venoient au monde fous et l'estoient toute leur vie ; tellement que les grands seigneurs se fournissoient de fous en ceste maison et par ce moyen elle estoit de grand revenu à son maistre. »

Ce fut également un honneur pour les villes

---

1. Dissertation sur les fous des rois de France.

d'être désignées comme devant fournir les bouffons.

Dans les archives de la ville de Troyes, en Champagne, se trouve une lettre de Charles V, où ce prince marquant au maire et aux échevins la mort de son fou, leur ordonne de lui en envoyer un autre *suivant la coutume*. L'usage en était déjà établi et la Champagne avait apparemment l'honneur exclusif de fournir des fous à nos rois du temps de Charles V.

Le plus souvent, le bouffon ressemblait à l'Ésope de Planude. La face large, plate, la bouche grande, la peau tannée, les lèvres épaisses, pendantes, les dents noires, écartées, les yeux louches, le regard hébété avec des éclairs passagers, la tête penchée, se balançant à droite, à gauche, sur un cou volumineux, la taille ramassée, difforme, la colonne vertébrale déviée en avant, en arrière, sur les côtés, le ventre volumineux, lâche, la main épaisse et pendante sur les hanches. les jambes gauches, engorgées, et les articulations d'une grosseur énorme, la conformation du squelette vicieuse, la couleur des téguments de bistre et de safran..., etc., tel est le portrait fidèle du véritable type du bouffon de cour, le portrait que nous ont légué dans leurs chefs-d'œuvre, des graveurs, peintres et sculpteurs des siècles derniers.

Voyez entre autre, au Louvre, dans le musée

des antiquités Romaines la statuette inscrite sous le n° 275, les toiles de Paul Véronèse (les noces de Cana), de Fragornad, de Ribeira, de Torbido, de Goltzius, d'Holbein, d'A. Durer..., etc. Voyez les remarquables sculptures des différentes églises où furent enterrés des fous. St.-Mallion. St.-Levan en Cornouaille, St.-Germain-l'Auxerrois, à Paris (estampe), St.-Maurice de Senlis... etc., etc. Consultez les nombreuses images des manuscrits, les médailles et monnaies... et il sera facile de voir que nous sommes encore au-dessous de la vérité.

Plus le fou était laid, disgracieux, contrefait, plus il avait chance d'être agréé et choyé par les maîtres du château, envié et jalousé par les les valets et les pages que d'ailleurs il ne ménageait guère, et qui souvent fournissaient matière à ses lazzis et à ses quolibets. S'il arrivait que de prime saut il ne possédait pas à fond son métier, on lui donnait un maître pour le former et lui enseigner les tours les plus propres à divertir. « Un fou de bonne maison, dit le bibliophile Jacob, était élevé avec autant de soin, de peines et de frais qu'une âne savant.. il avait un gouverneur.. il étudiait les tours, les sauts, les réparties, les chansons... » Il arrivait même que lorsqu'il avait mal répété sa leçon, il recevait les étrivières et qu'on l'envoyait faire pénitence aux cuisines en compagnie des marmitons.

Mais nous l'avons dit plus haut, quelques-uns de ces grotesques étaient des hommes. Ils avaient un cœur sous leurs habits de fou, et ce cœur pouvait tout aussi bien que celui de leurs maîtres être torturé par la souffrance et animé des plus nobles, des plus grands, des plus généreux sentiments.

Dans un travail très curieux, M. Gazeau[1], étudie les bouffons sous le double point de vue historique et anecdotique : « Ce n'est point seulement, dit l'auteur que nous citons, dans les maisons des barons féodaux que les bouffons étaient prisés et recherchés. Ils l'étaient surtout à la Cour des princes et nous aurons à nous occuper longuement de la catégorie des bouffons de cour, sinon la plus nombreuse, au moins, la plus connue de toutes.

Mais, et voici qui paraîtra plus singulier, il y avait aussi des bouffons dans les couvents, et certains prêtres ne dédaignaient point de chercher dans leur entretien quelque distraction aux sévérités de la discipline ecclésiastique. Le fait résulte des documents réunis au XVIIIᵉ siècle par le jurisconsulte allemand Heinecke, plus connu sous le nom d'Heineccius (1681-1741), et le bénédictin dom Marttène, Heinecke cite une ordonnance de 789 défendant aux gens d'Église d'avoir des *farceurs* aussi bien que des chiens de chasse, des fau-

1. A. Gazeau. — *Les Bouffons*, Hachette, 1882.

cons et des éperviers : « *Défense aux évêques, aux abbés, aux abbesses d'avoir des couples de chiens, des faucons. des éperviers, des farceurs.* » Dom Martène mentionne l'interdiction faite aux ecclésiastiques de remplir eux-mêmes, ce qui est plus remarquable encore, les rôles de farceurs et de bouffons.

ATTRIBUTS ET COSTUMES [1].

Le bouffon avait comme attribut distinctif une marotte. C'était une sorte de sceptre surmonté d'une tête coiffée d'un capuchon bigarré de diverses couleurs et garni de grelots. En outre, le maître fol portait une sorte de bonnet pointu garni de longues oreilles terminées par des grelots, et il semble même que ce soit ce capuchon qui ait caractérisé la condition de fou; car dans une curieuse gravure tirée d'un ouvrage allemand publiée en 1512, le *Schelmenzunft* (la corporation des fous) on voit un personnage décoré de ce capuchon dont les pointes sont rabattues à gauche et à droite et portant dans une sorte de serviette attachée à son cou, de petits bouffons qui n'ont que la tête et le buste, et qu'il sème autour de lui dans la campagne. Ces germes de

1. Ces détails sont empruntés en partie au livre de M. Gazeau.

bouffons destinés à grandir se reconnaissent comme le semeur lui-même au fameux bonnet, avec cette différence qu'ici les pointes en sont droites et semblables à des oreilles d'âne. Quant au costume c'était une jaquette découpée à angles aigus, sur laquelle ils portaient le plus souvent une épée de bois dorée et parfois une vessie de porc gonflée renfermant une poignée de pois secs et suspendue à l'extrémité d'une baguette.

La couleur du vêtement n'était pas non plus indifférente. Ce costume était bariolé de jaune et de vert : ces deux couleurs n'ont jamais eu, surtout au moyen âge, une excellente renommée...
« Cet habit estoit fait par bandes de serge, moitié de couleur verte et l'autre de jaune : et là, où il y avait des bandes jaunes, il y avait des passements verts, et sur les vertes des passements jaunes. Entre les bandes il y avait aussi du taffetas jaune et vert qui estoit cousu entre lesdites bandes et passements. Les bas de chausses cousus avec le haut estoient l'un tout de serge verte et l'autre de jaune, et un bonnet aussi moité de jaune et de vert avec les oreilles..... »

Il arrivait parfois que le rouge remplaçait le vert ou que le costume tout entier était rouge, ou encore que les trois couleurs se mariaient de façon à former un costume tricolore, mais il semble que ce soit par exception.

Également est exception le costume de Triboulet, que nous décrit le bibliophile Jacob[1].
« ..... Le costume de fou royal n'était pas moins bizarre que le personnage qui le portait : selon son emploi secret de procureur des plaisirs du roi, il adoptait les couleurs de la maîtresse en titre, et s'habillait de même que son maître, à la forme des habits près, Triboulet avait un justaucorps de soie bleu et blanc, si serré, qu'il faisait ressortir les difformités du corps, de manière à exciter le rire des spectateurs : il portait au dos les armes de France, argent et or, ces mêmes armes étaient répétées à droite et à gauche de ses chausses, pareillement bleues et blanches, ainsi que sur son bonnet en cône allongé ; sa ceinture de cuir doré à laquelle pendaient une marrotte, une épée de bois et une cornemuse, était le symbole de ses attributions joviales et satiriques. Une autre distinction de son état, c'était les grelots d'argent qui ornaient sa coiffure, sa marotte et ses souliers de maroquin à la poulaine ; il ne pouvait faire un pas ou un mouvement, sans que tous ces grelots sonnassent de concert, avec plus de bruit que n'eussent fait dix mulets allant le trot..... » D'après les comptes de l'argentier de Charles IX, il avait été fourni à Brusquet des chausses de ve-

---

[1]. Bibliophile Jacob. *Les deux fous*, histoire du temps de François Ier. Paris, 1830.

lours noir découpées à petites bandes avec franges d'or doublées de tocque d'or et bouillonnées de taffetas noir rayé d'or et d'argent, à l'occassion d'un tournoi où parurent presque tous les officiers de la maison du roi [1].

Mais en réalité, le jaune et le vert se rencontrent presque partout et passent pour les couleurs ordinaires de la folie.

Ainsi donc la marotte, le capuchon pointu avec les oreilles d'âne, les grelots, la jaquette verte et jaune, composaient la livrée des bouffons, et non seulement des bouffons domestiques, mais aussi suivant toute apparence des bouffons de cour, des bouffons de ville, des bouffons populaires, et des associations de bouffons.

Le rapide aperçu que nous venons de présenter sur l'histoire des bouffons, basé sur la description des auteurs leurs contemporains, suffit quand à présent à nous montrer ce qu'étaient les fous des rois et à nous faire pressentir le caractère particulier qui les distinguait tant au physique qu'au moral.

Si on veut bien se reporter aux différentes espèces de difformités physiologiques et psychologiques qui frappent certains êtres, on verra la ressemblance absolue qu'il y a entre les rachitiques, les imbéciles, les idiots..., etc., et les

---

[1] Cité par M. Jal.

bouffons : il suffit de l'indiquer pour que chacun reconnaisse le bien fondé de nos assertions, à savoir que ces derniers rentraient dans ces diverses catégories et que par suite l'étude de leur nature psychologique est justiciable de la médecine mentale.

HISTORIQUE

Ceci nous amène à ce que l'on pourrait appeler la partie historique de ce travail : mais c'est là un mot bien prétentieux pour qualifier quelques esquisses rapides de portraits de nains et de fous ayant eu l'heure de célébrité. D'ailleurs, notre but étant seulement de faire connaître que ces êtres bizarres, ces disgraciés de la nature tant au moral qu'au physique ont aujourd'hui leur place marquée dans le cadre nosologique et d'appuyer notre dire par quelques exemples, nous n'avons pas à nous étendre sur ce chapitre. Puis, après les travaux si curieux de MM. Martin [1], Gazeau [2], Garnier [3] et autres [4], notre rôle de littérateur se

---

1. E. Martin, *Les Monstres*. Reinwald, Paris, 1880.
2. Gazeau, *Les fous et les bouffons*, Hachette, Paris, 1884.
3. Garnier, *Les nains et les géants*. Hachette, Paris, 1884.
4. *Récréations historiques, critiques, morales et d'érudition, avec histoire des fous en titre d'office*, par M. D. D.-A... auteur des anecdotes des rois, reines et régents de France. Paris, 1777. 2 vol. in-12. *Les deux fous* par le bibliophile Jacob. Sauval, *Histoire et recherche sur les antiquités de Paris*. Brantôme, *Vie des hommes illustres*, etc., etc., etc.

trouve singulièrement simplifié. C'est à ces auteurs que nous renverrons le lecteur curieux de plus amples détails. Mais nous aurons toutefois recours à leur érudition pour compléter, le cas échéant, les quelques notes qui feront l'objet des lignes suivantes :

NAINS

Dans l'antiquité, à l'époque de la formation des premiers empires, les disgraciés de la nature étaient relativement rares : aussitôt, en effet, que l'enfant était né, on le portait, en Grèce, aux anciens de la cité : s'il ne présentait aucune conformation vicieuse, il était déclaré apte à être élevé. S'il était contrefait, il ne pouvait plus reparaître au foyer de la famille, on le transportait au bord d'un gouffre auprès du mont Taygète.

A Rome, si l'enfant venait au monde avec une difformité, les parents ne devaient l'exposer avant que les voisins eussent donné leur assentiment [1]. En Gaule, en Scandinavie, les nouveaunés mal conformés étaient impitoyablement sacrifiés.

Mais peu à peu on se relâcha de cette sévérité si contraire aux lois de la nature : tout d'abord on les éleva dans l'ombre et le mystère : puis pro-

---

1. Dion Halic. — 16, 2, 15.

gressivement on les accepta et ils eurent leur place au soleil. Sous les empereurs quelques-uns de ces infortunés furent des objets de curiosité, traités avec sollicitude et aussi vendus fort chers. On s'en divertissait et le plus souvent ils prenaient place entre le chien favori et la bête rare amenée à grands frais des pays lointains. Alors on oubliait de voir en eux des témoignages de la colère céleste : Sénèque confirme cette assertion dans un passage de ses controverses [1].

Parmi les êtres qui servirent de jouets à la cour, nous trouvons tout d'abord les nains, êtres humains dont les caractères physiques et psychiques, s'ils n'ont pas toujours été définis ont cependant toujours été entrevus et étudiés dans les limites des connaissances de l'époque. En interrogeant l'histoire aussi loin qu'on peut, on trouve des traces de leur passage auprès des hauts personnages et, de nos jours encore, nous voyons la coutume d'avoir des nains près de soi à différents titres, conservée non seulement dans les pays barbares, peu connus, mais même parmi les plus avancés en civilisation.

Mais a-t-il existé, existe-t-il encore réellement des peuples nains ? La question est assez intéressante, ce nous semble, pour mériter de nous y arrêter quelques instants :

[1]. Liv. X, Déclam. IV.

NAINS DANS L'ANTIQUITÉ

pygmées

Lorsqu'on parcourt les auteurs anciens Homère, Hérodote, Ovide, Juvénal, Pline, Aulu-Gelle, Pomponius Mela... et tant d'autres, lorsqu'on lit les récits des anciens voyageurs, on est étonné de voir signalée presque à chaque pas l'existence d'une race d'hommes remarquable par sa petite taille.

Les Pygmées étaient connus d'Homère, qui, dans le chant III de l'Iliade, dit : « Ainsi monte jusqu'au ciel la voix éclatante du peuple ailé des grues, lorsque fuyant les frimas et les torrents célestes, elles traversent à grands cris l'impétueuse mer, et, portant la destruction et la mort à la race des Pygmées, livrent, en descendant des airs, un combat terrible... » Tableau que Juvénal complétera en disant : « Quand le nuage sonore des oiseaux de Thrace vient à fondre subitement, le Pygmée, muni de ses petites armes, court au combat : mais, incapable de résister à l'ennemi, bientôt l'impitoyable grue l'enlève dans les airs entre ses ongles recourbés. Si l'on voyait chez nous un pareil spectacle, on en rirait ; chez eux, où le plus grand de la cohorte n'a pas plus d'un pied de hauteur, personne n'en rit quoique la même scène se répète souvent... ¹. »

A côté de ces fictions reproduites par tous les poètes qui se sont succédé, on trouve cependant des relations qui revêtent un plus grand cachet d'authenticité, laissées par les historiens et les géographes de l'antiquité. Ils ne parlent pas de Pygmées, mais d'une race qui habiterait les déserts de Lybie. « et disait tout récemment M. de Quatrefages ², le récit de ces auteurs concorde trop bien avec les découvertes modernes pour que l'on en puisse mettre en doute la réalité. On sait que les zones géographiques indiquées par les Nasamons se retrouvent encore et que le fleuve dont ils ont révélé l'existence est le Djoliba ou Niger, que l'on a cru tour à tour être le Nil lui-même ou un affluent du lac Tchad, avant que Mungo-Park, Caillé, Clapperton, les frères Lauder, etc., nous en eussent fait connaître le véritable cours...

Avec Ctésias, voyageur grec contemporain de Xénophon, nous retombons dans la fable et le merveilleux :

« Il y a, dit-il, au milieu de l'Inde, des hommes noirs qu'on appelle Pygmées. Ils parlent la même langue que les Indiens et sont très petits. Les plus grands n'ont que deux coudées ; la plu-

---

1. Juvénal. *Sat*. XIII, trad. Dussaulx.
2. De Quatrefages, *Journal des savants*, février 1881.

part n'en ont qu'une et demie. Leur chevelure est très longue ; elle leur descend jusqu'aux genoux et même encore plus bas. Ils ont la barbe plus grande que tous les autres hommes ; quand elle a pris toute sa croissance, ils ne se servent pas de vêtements : leurs cheveux et leur barbe leur en tiennent lieu. Ils sont camus et laids. Leurs moutons ne sont pas plus gros que des agneaux ; leurs bœufs et leurs ânes le sont presque autant que des béliers. Leurs chevaux, leurs mulets et toutes les autres bêtes de charge ne le sont pas plus que des béliers. Les Pygmées accompagnent le roi de l'Inde : il en a trois mille à sa suite. Ils sont très justes et se servent des mêmes lois que les Indiens. Ils vont à la chasse du lièvre et du renard. Au lieu de chiens, ils se servent pour cette chasse de corbeaux, de milans, de corneilles et d'aigles [1] ».

Strabon, seul parmi les auteurs de l'antiquité, a nié l'existence d'une race de nains : « On sait, dit-il, que toute contrée reléguée aux extrémités de la terre habitée, par cela seul qu'elle touche à cette zone inclémente que l'excès de la chaleur ou du froid rend inhabitable, se trouve vis-à-vis de la zone tempérée dans un état de désavantage ou d'infériorité marquée. Or, cette infériorité res-

---

1. Charton. *Les voyageurs anciens et modernes*, t. I.
2. Strabon. *Géographie*. trad. A. Tardieu.

sort avec la dernière évidence des conditions d'existence de la nature éthiopiennne et du dénûment dans lequel elle est pour toutes les choses nécessaires à la vie de l'homme. La plupart des Éthiopiens, en effet, mènent une vie misérable ; ils vont nus et sont réduits à errer de place en place à la suite de leurs troupeaux. Le bétail qui compose ces troupeaux est lui-même de très petite taille et cela est vrai des brebis aussi bien que des chèvres... A la rigueur on pourrait croire que c'est ce rapetissement propre aux races de l'Éthiopie qui a donné l'idée de la fable des Pygmées, car il est notoire qu'aucun voyageur digne de foi n'a parlé de ce peuple comme l'ayant vu. »

Chose étrange ! On sait que les auteurs du moyen âge qui acceptaient sans conteste l'existence de races géantes, se sont toujours refusés à croire à l'existence de races naines ! Opinion qui est résumée en cette phrase par L. Guyon, médecin qui vivait à la fin du XVIe siècle : « qu'il n'y a aucune région où il y aye des Pigmées, c'est-à-dire des hommes de la hauteur d'une coudée, si a bien des pays où habitent des géants. »

Sans entrer ici dans l'examen et la discussion des faits cités pour ou contre en faveur des peuples nains, nous arrivons aux récits des voyageurs modernes qui ont scientifiquement constaté l'existence d'hommes dont la taille ne dépassait pas en moyenne 1ᵐ 40.

PEUPLES NAINS DE L'AFRIQUE

Obongos

Du Chaillu [1] a laissé un récit très curieux de son voyage d'exploration en Afrique, et nous lui empruntons les détails suivants : « J'avais ouï dire qu'il y avait dans le voisinage de Niembouai [2] un village d'Obongos ou nains sauvages. L'un de mes premiers soins en arrivant fut, comme on le pense bien, de m'informer du lieu où je pourrais trouver ces singuliers êtres. Ils viennent fréquemment, à ce qu'il paraît, dans le village de mes hôtes, mais ils ne se souciaient pas d'y paraître tant que j'y séjournerais moi-même. Les Ashangos, loin de mettre obstacle à mon désir, offraient de m'accompagner chez les Obongos. Ils me conseillèrent cependant de ne prendre que très peu de monde avec moi, afin de faire le moins de bruit possible. On me donna deux guides et j'emmenai trois de mes hommes. Nous partîmes le matin : au bout de vingt minutes de marche nous étions parvenus à l'endroit désigné. Dans

---

1. Du Chaillu, *L'Afrique sauvage*. Paris, 1868.
2. Niembouai se trouve dans le pays des Ashangos, par 1° 58'54" de latitude sud et 11° 56' 68" de longitude est.

un coin de la forêt, se cachait une douzaine de petites huttes où demeure cette étrange tribu. Elles sont disséminées sans ordre et n'occupent dans leur ensemble qu'un espace fort étroit. La forme de ces huttes est la même que celle que j'ai décrite lorsque nous rencontrâmes près d'Yengé un village d'Obongos abandonné par ses habitants[1]. De même ici nous n'aperçûmes en avançant aucune espèce de créatures vivantes, et, en effet, le village était désert. Les cabanes sont si légères et les habitants d'humeur si changeante que ceux-ci sont toujours prêts à se déplacer. Les habitations nous parurent horriblement sales; tandis que mes hommes et moi nous nous occupions d'en visiter l'intérieur, nous nous sentîmes tout à coup assaillis par une telle armée de puces qu'il nous fallut bien vite battre en retraite. Si les habitants avaient déserté leur logis, c'est, à coup sûr, qu'ils en avaient été chassés par ces insectes.

» Laissant là les cabanes abandonnées, nous

1. Les cabanes étaient très basses, de forme ovale comme des tentes de bohémiens. La partie la plus élevée au dessus de l'entrée avait quatre pieds de haut, la plus grande longueur était aussi de quatre pieds. De chaque côté on voyait trois ou quatre petits morceaux de bois propres à servir de couchette à un couple de Lilliputiens. Les cabanes étaient construites avec des branches d'arbres flexibles, courbées en berceaux et fixées en terre à chaque bout; elles étaient recouvertes de grandes feuilles. Du Chaillu, *ouvr. cité*, p. 223.

poursuivîmes notre chemin à travers la forêt et bientôt, à la distance d'un quart de mille environ, nous rencontrâmes un autre village d'Obongos, composé comme le premier d'une douzaine de huttes mal construites et disposées au hasard sur la surface d'une petite clairière. Ces demeures étaient bâties depuis peu, car les branches d'arbres dont elles étaient faites, avaient encore leurs feuilles toutes fraîches. Les petits trous qui leur servaient de portes étaient bouchés par des branches d'arbres récemment détachées avec le feuillage et plantées en terre.

» Nous prîmes les plus grandes précautions pour nous approcher afin de ne pas effaroucher les timides habitants. Mes guides Ashangos tenaient à la main un cordon de perles en signe de leurs dispositions amicales. Mais tant de soins furent perdus ; car les hommes au moins étaient déjà décampés avant notre arrivée. Nous courûmes aux huttes, où nous découvrîmes trois vieilles femmes avec un tout jeune homme, qui n'avaient pas eu le temps de s'enfuir comme les autres, sans compter quelques enfants cachés dans l'une des cabanes.

» Mes guides Ashangos firent tout ce qu'ils purent pour apaiser les frayeurs de ces tremblantes créatures, disant que je n'étais pas venu pour leur faire du mal, mais pour leur apporter des perles. Si je parvins enfin à m'approcher d'elles, c'est que la terreur avait paralysé leurs mouvements. Je leur donnai des perles et je leur fis dire par mes guides que nous reviendrions le lendemain avec une provision de perles plus considérable, afin d'en attribuer à toutes les autres femmes, et qu'il fallait qu'elles fussent là pour nous recevoir. Au bout de quelques instants, une des vieilles avait perdu toute sa sauvagerie et commençait même à se moquer des hommes qui s'étaient enfuis à notre approche. « Timides, nous dit-elle, comme les écureuils des forêts qui crient : qué ! qué ! » Et en imitant ces cris, elle tortillait son petit corps avec des contorsions à mourir de rire.

» Quand je pris mon ruban de toile pour la mesurer, ses frayeurs recommencèrent. Elle s'imaginait peut-être voir une espèce de serpent que je voulais enrouler autour d'elle, et elle se mit à trembler de tous ses membres. J'avais beau lui dire que je n'avais pas l'intention de la tuer, il fallut lui faire un autre présent pour la calmer une seconde fois. A la fin, je pus venir à bout de mon opération. Je mesurai aussi le jeune homme ; c'était un adulte et probablement un bel échantillon de sa race... Le lendemain je retournai à leur village et je n'y trouvai cette fois qu'une vieille femme et deux enfants. Je n'étais pas venu d'assez bonne heure, les oiseaux étaient dénichés. Heureusement, la femme était une de celles que j'avais vues la veille... La mère des enfants était cachée dans la hutte près de laquelle ils se trouvaient blottis. Mes Ashangos l'appelèrent en lui disant de ne pas s'effrayer. On m'apprit alors qu'elle avait perdu son mari quelques jours auparavant, quand elle habitait encore le village abandonné que j'avais trouvé sur mon chemin. Elle avait sur le front une large raie d'ocre jaune. Je donnai quelques perles à la pauvre femme et je m'en allai.

» A ma visite suivante, je trouvai le village complètement désert ; pas plus de femmes cette fois que d'hommes, ou du moins les femmes en nous entendant venir, étaient allées se blottir au fond de leurs cabanes. Quand j'entrai dans le village on n'entendait pas le moindre bruit ; des branchages étaient placés au seuil de toutes les cabanes pour nous faire croire que les habitants étaient tous allés dans les bois. Mon guide Ashango se mit alors à crier : « Nous avons des perles à vous donner, où êtes-vous ? » Pas une voix, pas un souffle ne répondit. Il n'y avait pas cependant à s'y méprendre puisque nous avions vu de loin les femmes courir aux huttes. Je me dirigeai donc vers celle de la vieille que je connaissais déjà, j'écartai les branchages et appelai. Pas de réponse. L'obscurité était si épaisse à l'intérieur que je ne pouvais rien voir. J'entrai et je trébuchai sur la vieille... Se voyant découverte, elle se hâta de sortir, en prétendant qu'elle dormait profondément et que je l'avais réveillée. Puis elle appela les autres femmes : « Ce n'était pas, leur dit-elle, un léopard qui devait les manger, mais elles ne devaient pas s'effrayer. »

» Je fis plusieurs visites successives à ce village et parvins à mesurer cinq femmes : une seule me laissa prendre mesure de son visage. Cette opération ne fut pas possible avec les autres. Je voulais d'abord, pour calmer leurs frayeurs, mesurer devant elles un de mes guides Ashangos, mais celui-ci s'y refusa avec presque autant de crainte que les femmes. La moyenne de la taille des femmes que j'ai mesurées est de quatre pieds cinq pouces anglais (1^{m}34.)

» La couleur de ces Obongos est d'un jaune sale : leurs yeux ont une expression farouche dont je fus vivement frappé. Leur extérieur, leur mine, leur couleur, leurs habitations, tout chez eux diffère essentiellement des Ashangos au milieu desquels ils vivent. Ces derniers, du reste, ont grand soin de renier toute parenté avec eux. Il ne se conclut pas de mariage entre les deux tribus. Mais il est certain que les Obongos se marient entre eux, les frères avec les sœurs, pour conserver leur race autant que possible. Leur petit nombre et l'isolement dans lequel ces pauvres créatures sont condamnées à vivre légitiment ces unions consanguines, mais, en même temps, par un entraînement fatal, cette obligation qui leur est imposée par leur situation devient la cause de leur dégénérescence physique.

» Les Obongos sont doués d'une dextérité remarquable pour prendre les bêtes fauves au piège et pour pêcher dans les rivières. Ils vendent à leurs voisins le gibier et le poisson qui excèdent leur consommation personnelle et reçoivent en échange des bananes, des outils de fer, des ustensiles de cuisine et tous les articles fabriqués et ouvragés dont ils ont besoin. La forêt qui avoisine leurs villages est pleine de trappes et de traquenards ; aussi est-il fort dangereux de s'y aventurer ; dans les sentiers mêmes, il y avait une trappe pour les léopards, les cochons sauvages et les antilopes.

» Les Obongos sont un peuple essentiellement nomade qui se transporte d'un endroit à un autre à mesure que le gibier devient rare. Pourtant ils ne s'aventurent pas très loin et ne franchissent pas le territoire d'Ashango. On les appelle les Obongos d'Ashango comme ceux qui demeurent au milieu des N'javis s'appellent les Obongos N'javis ; de même pour les autres tribus. On dit qu'il y a des Obongos à l'Est, aussi loin que s'étendent les connaissances géographiques des Ashangos. Pareille aux bohémiens d'Europe, cette race se distingue toujours des populations parmi lesquelles elle campe, bien qu'elle soit toujours confinée entre les mêmes limites pendant une suite de générations. Les Obongos ne font pas de plantations ; leur nourriture végétale dépend de ce qu'ils trouvent dans les bois ; racines, baies, noix ou fruits sauvages. Mais leur appétit pour la nourriture animale est plutôt d'une bête carnassière que d'une créature humaine. Un jour, une vieille femme, dont j'avais gagné le cœur par des cadeaux de perles, se décida à venir à Niembouai sur la simple promesse que je lui fis de lui donner un os de chèvre ; je lui avais demandé si elle avait faim et sans me répondre elle avait exhalé un souffle profond de son estomac pour me faire comprendre qu'il était vide... »

Sans vouloir entrer dans de plus longs détails sur ces races d'hommes il faut cependant rappeler la relation très complète que le Docteur G. Schweinfurth a donné de son voyage en Afrique[1] sur la petite nation des Akkas.

1. G. Schweinfurth, *Au cœur de l'Afrique* (1868-1871), *voyages et découvertes dans les régions inexplorées de l'Afrique centrale*, trad. par Mme H. Loreau. Paris, 1875.

Akkas

« Les Akkas semblent appartenir à une série de peuples nains qui offrent tous les caractères d'une race aborigène, et qui, sous l'équateur, se rencontrent d'un village à l'autre. Ce ne sont pas des Pygmées dans le sens de l'ancien mythe ; pas davantage des nains difformes pareils à ceux qu'on exhibe chez nous pour de l'argent. Tous les voyageurs qui se sont dirigés vers le centre de l'Afrique ont reçu de nombreux témoignages relatifs à l'existence de ces petits peuples.

» La couleur des Akkas est d'un brun mat assez clair, celui de café brûlé... Entre les Akkas et les Mombouttous leurs voisins immédiats, il y a peu de différence quant à la couleur de la peau : je peux dire toutefois qu'en général les Akkas ont le teint un peu terne. Tous ceux que j'ai vus avaient peu de barbe et la chevelure courte et laineuse. Sous le rapport de la teinture, leurs cheveux peuvent être comparés à la filasse d'un vieux câble ; et pour la couleur, ils sont à peu près de la même nuance que celle de la peau... D'après les spécimens que j'ai eus sous les yeux et parmi lesquels mon petit Nsévoué, je le répète, un des types les plus purs de la race, les Akkas ont la tête grosse et hors de proportion avec le cou mince et faible qui la supporte. Chez eux la forme de l'épaule diffère étrangement de ce qu'elle est chez la plupart des nègres, ce qui tient sans doute au développement anormal de l'omoplate. Les bras sont longs ainsi que le corps qui est d'une longueur disproportionnée. La poitrine, plate et resserée dans le haut, va s'élargissant jusqu'à l'énorme panse qui fait ressembler les Akkas, si âgés qu'ils soient, aux enfants Égyptiens ou Arabes. Le dos est fortement arrondi ; l'épine dorsale est tellement souple, qu'après un repas copieux le centre de gravité se déplace la partie lombaire de l'échine se creuse et alors, vu de profil, ce dos figure à peu près la courbe d'un C. Les genoux sont gros et noueux, les autres articulations de la jambe saillantes et anguleuses et les pieds tournés plus en dedans que ceux des autres Africains. L'allure serait difficile à qualifier : C'est un balancement accompagné de soubresauts qui se propagent dans tous les membres : Nsévoué n'a jamais pu porter un plat sans en répandre plus ou moins le contenu. En revanche les mains sont d'une délicatesse remarquable sans être effilées comme celles des héroïnes de romans. Ce que j'admirais le plus chez mon pauvre Nsévoué étaient ses jolies mains, et je l'ai si longuement étudié que le moindre détail de sa petite personne est resté gravé dans ma mémoire.

» Mais ce qui surtout caractérise la race, c'est la tête : forme et physionomie. Bien que dans l'histoire on n'ait jamais vu la dégénération d'un peuple entraîner comme conséquence la diminution de la taille, il est possible néanmoins que les particularités signalées plus haut soient le résultat de modifications apportées à la manière de vivre. Mais ce qu'il serait difficile d'admettre, c'est que les conditions d'existence, climat, nourriture et autres, pussent faire rétrograder la forme du crâne. Ce dernier est large, presque sphérique et présente un creux profond à la racine du nez. La mâchoire se projette en museau d'autant plus accusé que le menton est fuyant... Ils ont l'œil bien fendu et largement ouvert et d'énormes oreilles, contrairement aux autres peuplades de la même région qui se font remarquer par la petitesse et la forme élégante des leurs... Le jeu des sourcils, l'extrême vivacité des yeux, les gestes rapides de mains et de pieds, dont s'accompagnent toutes les paroles et des hochements de tête perpétuels, contribuent à rendre l'aspect de notre petit peuple infiniment drôle...

» Sous le rapport de l'acuité des sens, de la dextérité et de la ruse, les Akkas sont bien au-dessus des Mombouttous. Leur finesse toutefois n'est que la manifestation d'un mouvement intérieur qui leur fait trouver du plaisir dans la méchanceté. Nsévoué aimait à voir souffrir : il torturait les animaux. L'un de ses amusements particuliers était, pendant la nuit, de lancer aux chiens ses flèches dangereuses. Las de la guerre que nous firent les Niams-Niams, tandis que nos Nubiens étaient sous le coup d'une épouvante qui les mettait hors d'eux-mêmes, il jouait avec les têtes des Obongos décapités ; et lorsqu'il me vit faire bouillir ces crânes, sa joie n'eut plus de bornes, il courait et criait en gambadant : *Badinka nova ?* (Badinka est un surnom dérisoire) *Badinka hi hê ko to !* « où est Badinka ? Badinka est dans la marmite ! »

Un peuple chez lequel se rencontrent de telles dispositions excelle naturellement dans l'art d'inventer et de placer des pièges, de surprendre le gibier et de le poursuivre...

« Les Akkas vivent en bonne intelligence avec leurs puissants voisins qui les regardent plutôt comme des êtres bienfaisants. Mais cette bonne entente est due à l'absence du bétail. Si les Momlbouttous avaient des troupeaux, leurs bêtes deviendraient le gibier des Akkas, le but des javelines et des flèches de ce petit peuple dont cette chasse ferait la joie, et il aurait dans les pasteurs des ennemis implacables.

» En résumé, tous ceux qui s'occupent d'ethnologie doivent de la gratitude au roi des Mombouttous, pour les soins dont il entoure les précieux débris de cette race primitive qui va s'éteignant ; race dont il a permis de constater l'existence en attirant auprès de lui une de ces tribus, et en la conservant jusqu'au jour où l'on a pu pénétrer au cœur de l'Afrique. »

Le colonel Chaillé-Long, dans le voyage qu'il fit au centre de l'Afrique en 1874-1875, put voir et étudier les Akkas et confirma tout ce que nous venons de rapporter.

LES VÉRITABLES NAINS EXISTENT-ILS ?

Ces récits nous amènent donc à rechercher si les véritables nains que l'on peut appeler *Pathologiques* existent, et nous ne pouvons omettre de signaler cette question intéressante à plus d'un titre et qui jusqu'à présent d'ailleurs a été discutée sans grand succès, l'observation n'ayant jamais été d'accord avec la théorie.

Pour mériter la qualification de *véritable nain*, le sujet doit remplir plusieurs conditions : « Il faut, dit le docteur Martin, qu'il présente dans toutes ses parties de justes proportions, de telle sorte que si son corps a été arrêté dans son développement par une cause qui échappe à la vue, et dont un examen attentif est incapable de rendre compte; il n'ait cependant éprouvé aucune altération ni dans la vigueur, ni dans les facultés intellectuelles et morales, ni dans la santé, ni dans la vie, ni surtout dans les aptitudes régénératrices.

Or, lorsqu'on explore attentivement l'histoire des nains qui se sont fait remarquer par l'harmonie de leurs proportions, et ceux-là, bien que rares, existent cependant, on se heurte toujours à quelque point défectueux qui se traduit soit par l'impuissance, soit par la nécessité de s'allier à un être bien constitué et dont l'énergie compensera leur insuffisance, s'ils cherchent à avoir une descendance, car entre eux il y a *infécondité absolue* et ce caractère à lui seul suffirait pour nous autoriser à affirmer qu'il ne s'est jamais rencontré un véritable nain.

Il suffit de rappeler les expériences de Catherine de Médicis, qui dans un but inconnu ayant, à plusieurs reprises, essayé de faire des mariages entre nains et naines, ne parvint jamais à les faire reproduire entre eux : l'Électrice de Brandebourg qui se consacra aux mêmes soins ne fut pas plus heureuse : Nathalie, sœur du czar Pierre Ier échoua également dans ses tentatives...

Bien qu'il soit légitimement permis d'élever des doutes sur l'existence du nain tel que nous venons de le supposer, il faut reconnaître cependant que l'on trouve parfois des êtres qui peuvent se rapprocher de ce type. Mais dans ces cas encore, ceux qui sont donnés en exemple, et sur lesquels on a basé la réalité de leur existence, appartiennent le plus ordinairement à la classe des rachitiques que nous avons décrits dans les pages précédentes et sont chétifs, malingres et stériles le plus souvent.

Nous disons le plus souvent et non toujours, ainsi que le veut le Dr Martin. Les exemples de nains ayant eu des héritiers ne sont pas absolument rares.

Dernièrement encore, le Dr Closmadeuc, communiquait à la Société de chirurgie, dans la séance du 25 juin, l'observation d'une opération césarienne pratiquée sur une femme de vingt-trois ans, naine, et affectée d'un rétrécissement excessif du bassin. L'enfant, à terme et bien conformé vivait : au cinquième jour, la mère se portait bien.

Il n'est pas de praticien s'occupant d'accouchements, qui n'ait eu l'occasion de voir et d'accoucher des femmes de petite taille, pouvant passer pour naines, et n'étant en somme, comme la précédente, que des rachitiques [1].

Compris de la sorte, le nanisme peut donc engendrer et concevoir, et cette explication ne con-

---

1. Voy. Charpentier, *Traité pratique des accouchements*, t. II.

tredit en rien l'opinion que nous signalions quelques lignes plus haut.

L'histoire nous a conservé les noms du peintre Gibson, attaché à la personne de Charles Ier en qualité de nain, et plus spécialement de page de la garde-robe. Il épousa la naine de la reine Henriette-Marie, *Anne Shepherd*, qui était exactement de la même taille que lui (1^m15). Mistress Gibson vécut jusqu'à l'âge de quatre-vingt-neuf ans, après avoir donné le jour à neuf enfants dont cinq arrivèrent à l'âge d'homme sans hériter de la courte stature de leurs parents. Gibson mourut âgé de soixante-quinze ans.

Un autre nain, Wybrand Lolkes, hollandais de naissance, doublement remarquable par son intelligence et l'exiguité de sa taille (0,65 cent.), se maria avec une femme d'une stature fort ordinaire, et eut trois enfants dont un, qui mourut à l'âge de vingt-trois ans, avait cinq pieds et sept pouces de haut. Le *Magasin pittoresque* de 1839 a reproduit son portrait accompagné de la légende suivante : « Mynheer Wybrand Lolkes, le célèbre homme en miniature, de la Frise occidentale, et madame Lolkes, son épouse, qui ont eu trois enfants, tous vivants et baptisés. »

Le voyageur russe Gmelin, professeur de chimie et de botanique, a vu dans la Sibérie un nain d'environ deux pieds (0^{m}648), âgé de plus de cinquante ans, qui était marié en secondes noces et avait cinq enfants vivants. Ce nain était écrivain de la douane à Krasnoïarsk, vaquait à sa profession avec beaucoup d'intelligence et mangeait et buvait plus qu'un homme de taille naturelle.

Tom-Pouce, que tout le monde a connu, ayant épousé en 1864 la petite naine Lavinia Warren, eut de cette union un enfant qu'il perdit étant à Nowich, en 1866, enlevé en quelques heures par une congestion cérébrale.

Ces quelques exemples suffisent pour confirmer l'adage « l'exception fait la règle. »

La dissemblance de ces nains avec les nains vrais, tels qu'on les comprend théoriquement, est encore bien plus frappante lorsqu'on en fait l'objet d'un examen plus rigoureux.

Reportons-nous à ceux qui, grâce à la sculpture et à la peinture qui a reproduit leurs traits, ont passé à la postérité : Que trouvons-nous ? Des êtres laids, bossus, à jambes cagneuses, à membres disportionnés, à ventre gros... Des rachitiques en un mot.

Telles sont, dès la plus haute antiquité, les idoles de Phtah, toujours représenté comme petit, à jambes torses, à bras longs, à tête plus volumineuse, quand elle n'est pas remplacée par un tête d'épervier ou de scarabée.

Tel est encore celui dont on a pu voir la statue

en 1878 au Trocadéro[1] : c'est une statuette en pierre trouvée à Saqqarah et faisant partie du musée Boulaq. « Ce nain, dit, M. Maspero, à qui nous empruntons les lignes suivantes, naquit vers la fin de la V° ou le commencement de la VI° dynastie.

» ... Il était assez petit : sa statue mesure à peine 30 centimètres de hauteur et les dimensions de la tête montrent qu'elle était probablement de demi-grandeur naturelle. L'artiste à qui *Khnoumhotpou* (c'est le nom du personnage) avait confié le soin de perpétuer son image a rendu avec beaucoup de fidélité la tournure et la physionomie du modèle. On trouverait difficilement ailleurs une œuvre qui reproduisît plus exactement, sans exagérer, les caractères propres aux nains. La tête assez grosse, comme il convient, est allongée et flanquée de deux grandes oreilles.

» L'expression de la figure est lourde et niaise, l'œil ouvert étroitement et relevé vers les tempes, la bouche mal fendue. La poitrine est forte et bien développée, mais le torse n'est point en proportion avec le reste du corps. L'artiste a eu beau s'ingénier à en dissimuler la partie inférieure sous le couvert d'une vaste jupe blanche,

---

[1]. La galerie de l'Égypte ancienne au Trocadéro, p. 51, n° 2. — Exposition organisée par Mariette Bey.

on sent malgré tout qu'il est trop long pour les bras et les jambes. Le ventre est porté en avant et les hanches se rejettent en arrière pour faire contrepoids au ventre. Les cuisses n'existent guère qu'à l'état rudimentaire, et l'individu entier, porté qu'il est sur de petits pieds contrefaits, semble être hors d'aplomb et prêt à tomber face contre terre...

» La statue de Khnoumhotpou est jusqu'à présent la seule statue de nain grand seigneur que les tombeaux nous aient rendue. Les nains ne manquaient pas cependant en Égypte, mais ils appartenaient presque tous à la classe des jongleurs et des bouffons. Les Pharaons et les princes de leur cour avaient, pour ces êtres difformes, la même affection que les rois et les nobles du moyen âge chrétien ou musulman, et leur maison n'aurait pas été complète s'ils n'y avaient pas attaché un ou plusieurs nains d'aspect plus ou moins grotesque. Ti en avait un qu'il a fait peindre avec lui dans son tombeau. Le pauvre hère tient dans sa main droite une sorte de grand sceptre en bois, terminé en forme de main humaine, et conduit en laisse un lévrier presque aussi haut que lui. Ailleurs le nain est représenté accroupi sur un tabouret, auprès du maître, à côté du singe ou du chien préféré. Les tableaux de Beni-Hassan nous en ont fait connaître deux qui étaient attachés à la personne du prince Miniêh : l'un d'eux est assez bien proportionné dans sa petitesse, mais l'autre joint à l'exiguïté de la taille l'avantage d'être pied-bot.

» Le *Ciel* égyptien n'échappait pas plus que les Pharaons à la manie courante et contenait plusieurs nains dont deux au moins avaient un rôle important, *Bisa* qui présidait aux armes et à la toilette, et le *Phtah* qu'on a longtemps appelé sans raison le Phtah embryonnaire...

» Peut-être Khnoumhotpou joignait-il à sa fonction d'intendant de la garde-robe la charge de bouffon de cour ; peut-être était-il de haute naissance et préservé par son origine des ennuis auxquels leur difformité exposait les nains de basse extraction [1] ».

Tel est encore le nain qui figure au premier plan du tableau de Deveria, la *naissance de Henri IV*, au musée du Louvre, et ceux que l'on voit dans les tableaux de Raphaël [2], Mantegna [3], Véronèse [4], le Dominiquin [5], Velasquez, J. Stradan... etc.

Le plus connu de tous, Bébé, le nain du roi

1. *Hist. de Constantin*.
2. *Monuments de l'art antique*, publiés sous la direction de M. O Rayet, 3º livr. pl. XIV. Paris, Quantin, éditeur.
3. *Triomphe de César*, à *Hampton Court*.
4. *Musée du Louvre*.
5. *Suite de l'empereur Othon à Grotta Ferrata*.

de Pologne, dont la statue en cire se trouve au musée Orfila, de l'École de Médecine de Paris, ne fait pas exception à la règle commune. Son squelette que l'on voit dans l'une des collections anatomiques du muséum d'histoire naturelle offre un crâne avec une saillie considérable à la région frontale et sa colonne vertébrale présente deux courbures très marquées. De plus le nez, à en juger par l'épine nasale, devait être épaté et fort long, enfin ses orteils atteignent des dimensions qui lui faisaient des pieds tout à fait disproportionnés.

Il y a loin de là à la petite personne aux traits réguliers que nous a présenté le modeleur ! Mais nous aurons occasion de revenir plus en détail sur cet intéressant personnage.

En général les nains sont laids, et lorsqu'on les dépouille des riches oripeaux dont on les couvre, ils ne donnent guère que le spectacle d'êtres rabougris, disgracieux, au dos et aux membres tors, assez souvent muets, infirmité qui d'ailleurs les faisait rechercher et payer fort cher par les sultans.

L'époque de la plus grande floraison des nains est celle du Bas-Empire, et si on en trouvait une si grande quantité, c'est qu'à ce moment l'art venait en aide à la nature, car on les fabriquait.

Plusieurs procédés étaient en usage :

FABRICATION DES NAINS

Aussitôt après la naissance, on donnait à l'enfant une nourriture appropriée, ou pour mieux dire insuffisante : il ne fallait pas longtemps pour qu'il devînt rachitique, ou pour nous servir d'une expression technique, atrepsié. « C'était donc, dit le Dr Martin, une désuétude artificielle qu'on amenait progressivement. »

D'autres fois, d'après le témoignage de Longin[1], on employait, pour les empêcher de grandir, un moyen atroce et qui ajoutait aux misères de ces pauvres êtres, déjà si malheureux cependant... « De même que ces boîtes où l'on enferme les Pygmées, vulgairement appelés nains, les empêchent non seulement de grandir, mais les rendent même plus petits par le moyen de cette bande dont on les entoure par tout le corps, ainsi la servitude, je dis la servitude le plus justement établie, est une espèce de prison où l'âme se rapetisse en quelque sorte. »

En Italie, à l'époque de la renaissance, la tradition du Bas-Empire fut renouée : les familles riches possédaient toutes un nain et la passion des grands pour un être microscopique fut poussée à un tel point que l'on chercha à s'en

---

1. Longin, *Traité du sublime*, cap. XLIII.

procurer artificiellement, non pas comme autrefois en empêchant les enfants de grandir par des moyens mécaniques que nous avons signalés plus haut, mais à l'aide de certains onguents.

Quelque invraisemblable que cela paraisse, Garnier en a trouvé la preuve dans un recueil scientifique du XVIIe siècle, recueil grave, sérieux et auquel les plus célèbres médecins de l'époque envoyaient leurs observations [1].

« Notre esculape de Prague, qui heureusement vit encore, le docteur *Joannes Marcus Marci à Kronland*, philosophe mathématicien et médecin des plus célèbres, entre autres sujets dont il m'entretint à son retour d'Italie, me raconta qu'il avait été consulté par un religieux (*a viro religioso*), afin de savoir si le moyen dont on se servait pour faire des nains était naturel ou inventé par le démon, ennemi du genre humain, afin d'avilir ainsi la figure humaine. Il connaissait, en effet, un pauvre homme, qui avait coutume, le jour même de la naissance de ses enfants, de leur enduire l'épine dorsale et les articulations d'un certain onguent dont il avait la recette ; il répétait cette opération jusqu'à ce que la moelle

---

[1]. Wenceslas Dobrensky di Negroporite, observ. LXXIX, artificialis Pygmæorum efformatio, in *Miscellanæa curiosa medico physica academiæ naturæ curiosorum*, etc., Lipsiæ, anno 1670, pet. in-4° cité par Garnier, *Nains et géants*, p. 107.

épinière fut desséchée et les linéaments assez durcis pour empêcher la croissance ; de cette façon les enfants restaient nains et en les offrant gracieusement aux grands seigneurs, il se conciliait leurs bonnes grâces en même temps qu'il y trouvait un grand profit. Cet onguent était composé, disait-il, d'un triple mélange de la graisse des plus petits animaux de la création, tels que les loirs, les chauves-souris, les taupes, etc... »

Il ne faut pas oublier non plus la version que Marco Polo [1] donnait de la fabrication des nains; il semble avoir honte à considérer ces petits êtres comme appartenant au même titre que lui à la nature humaine. Il ne voit en eux qu'une sorte de *fac-simile* obtenu par l'habileté d'un fabricant.

« Je veux aussi vous prévenir que ces petits hommes de l'Inde qu'on fait voir n'en sont nullement; mais on les fait dans ce pays (l'île de Sumatra, qu'il désigne sous le nom d'île de Java la petite), et voici comment : il y a en cette île une espèce de singes moult petits et ayant le visage de l'homme. On les prend et on les pelle tout entiers, en ne leur laissant de poils que pour la barbe et la poitrine, puis on les fait sécher et on les prépare avec du camphre ou autre chose, de sorte qu'on les fait passer pour des petits hom-

---

1. É. Charton. *Les voyageurs anciens et modernes*, t. II.

mes ; mais c'est un mensonge, car nulle part, dans l'Inde ni ailleurs, nous n'avons vu d'hommes d'aussi petite taille. »

Mais, comme le fait justement observer M. Martin, tous ces procédés aboutissaient mal et rarement et ainsi qu'on le voit pour les eunuques, peu arrivaient à un âge où on pouvait les caser. Aussi ceux qu'on réussissait se vendaient au poids de l'or, mais les obstacles n'arrêtaient pas les marchands dont les clients ne regardaient jamais au prix, car ces clients c'étaient Tibère, Domitien, Héliogabale... etc., dont les impériales fantaisies suffisaient à l'entretien de cette fabrication monstrueuse.

NAINS DES EMPEREURS ROMAINS

Tibère avait un nain qui avait le droit de lui parler franchement et de lui dire tout ce qu'il voulait : C'était bien là le rôle du bouffon : ce nain avait acquis ce droit et cette impunité à ses méchancetés, grâce aux instincts féroces qui l'avaient fait distinguer par l'empereur. Lorsque Tibère avait un crime à commettre, et l'occasion s'en offrait souvent pour lui, il prenait conseil de son nain qui ne manquait jamais de tenir un langage conforme à ses désirs et de s'associer par contre à un nouveau forfait.

« Un homme consulaire, nous dit Suétone [1], rapporte dans ses mémoires qu'il avait assisté à un repas nombreux dans l'île de Caprée, où le nain de Tibère qui était là avec d'autres bouffons, lui demanda tout haut pourquoi Paconius, accusé de lèse-majesté, vivait si longtemps ; que Tibère lui imposa silence, mais que peu après il écrivit au Sénat qu'il eut à juger promptement Paconius. »

D'autres empereurs avaient assigné à leurs nains un rôle plus avouable ; ils formaient une troupe de gladiateurs, qui, tout petits qu'ils fussent, ne s'entretuaient pas moins bien que les autres, s'il faut en croire Stace [2]. « Ensuite s'avance d'un pas fier un bataillon de nains que la nature, achevant son œuvre à la hâte, a noués pour toujours dans leur courte épaisseur. Le sang coule, les épées se croisent, Dieux ! quels bras pour donner la mort ! Mars et la valeur, amis du carnage, rient de leur fureur, et les grues que vont tout à l'heure se disputer tant de mains avides admirent les fils des Pygmées, plus braves que leurs aïeux ! »

Les empereurs Romains n'étaient pas les seuls qui se donnassent le luxe d'avoir des nains, les

---

1. Suétone. L. III, C. L. XI.
2. Stace. *Silves*, L. I. c. VI. Kalendæ decembris.

plus riches particuliers en comptaient aussi dans leurs maisons.

« Quand, dit toujours M. Martin, nous aurons rappelé le nain Conopas et la naine Andromeda, couple possédé par la petite-fille d'Auguste, le nain de l'empereur Constantin, qui était musicien et chanteur, on aura à peu près épuisé la liste de ceux qui ont le plus marqué dans l'histoire Romaine.

» De la cour des rois de Perse, cet usage barbare ayant passé aux Grecs après Alexandre, puis de ceux-ci aux Romains, ces derniers le transmirent aux nations les plus occidentales qu'ils avaient soumises à leur domination et auxquelles ils avaient imposé leurs goûts et leurs mœurs. »

NAIN D'ATTILA

Au cinquième siècle, nous voyons des nains remplir le rôle de bouffon auprès des chefs barbares. Dans son *Histoire d'Attila*, Amédée Thierry [1] raconte le fait suivant :

« ... A ce moment, entra le Maure Zercon et tout aussitôt la salle retentit d'éclats de rire et de trépignements capables de l'ébranler ; c'était un intermède dont les convives étaient redevables à l'imagination d'Édécon. Le Maure Zercon, nain

---

1. A. Thierry, *Histoire d'Attila*, I, p. 115.

bancal, camus ou plutôt sans nez *(naribus adeo depressis ut nasum inter eas vix apparetur)*, bègue et idiot, circulait depuis près de vingt ans d'un bout à l'autre du monde et d'un maître à l'autre comme l'objet le plus étrange qu'on pût se procurer pour se divertir. Les Africains l'avaient donné au général romain Aspar, qui l'avait perdu en Thrace dans une campagne malheureuse contre les Huns ; conduit près d'Attila, qui refusa de le voir, Zercon avait trouvé un meilleur accueil chez Bléda. Bientôt le même prince Hun s'engoua tellement de son nain qu'il ne pouvait plus s'en passer ; il l'avait à sa table, il l'avait à la guerre où il lui fit fabriquer une armure, et son bonheur était de le voir se pavaner, une grande épée au poing, et prendre grotesquement des attitudes de héros. Un jour pourtant Zercon s'enfuit sur le territoire Romain, et Bléda n'eut pas de repos qu'on ne l'eut repris ou racheté. La chasse fut heureuse et on le lui ramena chargé de fers. A l'aspect de son maître irrité, le Maure se met à fondre en larmes et confessa qu'il avait commis une faute en le quittant ; mais cette faute, disait-il, avait une bonne excuse : « Et laquelle donc ? s'écria Bléda ? — C'est, répondit le nain, que tu ne m'as pas donné de femme. »

L'idée de cet avorton réclamant une femme provoqua chez Bléda un rire inextinguible ; non seulement il lui pardonna, mais il lui fit épouser une des suivantes de la reine, disgraciée pour quelque grave méfait. Après la mort de Bléda, Attila envoya Zercon au patrice Aétius qui s'en défit en faveur de son premier maître Aspar : Édécon l'ayant rencontré à Constantinople lui avait persuadé de venir en Hunnie redemander sa femme. Profitant donc de l'occasion de la fête, Zercon entra dans la salle et vint adresser sa requête à Attila, mêlant dans son verbiage la langue latine à celle des Huns et des Goths d'une façon si burlesque que nul ne put s'empêcher de rire, et les joyeux éclats se faisaient encore entendre lorsque les Romains, pensant qu'ils avaient assez bu, s'esquivèrent au milieu de la nuit, tandis que la compagnie fit bonne contenance jusqu'au jour.... »

Les Francs subirent la loi commune et nous n'avons qu'à parcourir nos légendes, ouvrir nos vieux romanciers pour trouver une preuve de l'existence des nains dans les temps reculés de la monarchie française. Mais, dans le principe, leur rôle n'était pas simplement celui de bouffon : ils avaient en quelque sorte une mission plus relevée et pour laquelle ils étaient rétribués. Ils sonnaient du cor sur le donjon du château, où ils se tenaient, afin de signaler l'arrivée des dames et des chevaliers d'importance. Ils remplissaient aussi leur rôle dans les joûtes et les tournois, et lorsque leurs bonnes manières le permettaient, ils étaient chargés de messages secrets.

Au moyen âge, en Italie il n'était pas de grand seigneur qui n'eut des nains attachés à sa maison ; c'est ainsi qu'au banquet donné par le cardinal Vitule, en 1566, les invités, au nombre de 34, furent servis chacun par un de ces grotesques personnages : « Mais, dit Blaise de Vigenère [1], qui rapporte ce fait, tous ces nains sans en excepter un seul, étaient contrefaits et difformes. » En d'autres termes les 34 nains du cardinal Vitule étaient un assortiment de rachitiques dissimulant sans doute leurs membres cagneux sous de riches accoutrements.

NAINS ATTACHÉS A LA COUR DE FRANCE

En France, l'histoire ne fait guère mention de nains attachés à la cour qu'à partir du règne de François Ier. Il avait un nain appelé *Grand Jean*, et la reine Claude son épouse avait une naine nommée *Dareille*.

Mais l'époque où ils furent le plus en faveur est certainement sous les règnes suivants :

« Catherine de Médicis, nous apprend Garnier [2],

---

[1]. B. de Vigenère, 1523-1592. — Traducteur puis secrétaire d'ambassade à Rome.

[2]. Garnier, *ouvr. cité*, p. 100.

avait une prédilection marquée pour les nains : en 1543, alors qu'elle n'était que Dauphine, elle donnait à la reine de Hongrie qui avait accompagné sa maîtresse en France « une robe de toile d'or doublée de taffetas blanc et bordée d'une tresse d'argent. »

En 1556, il y avait à la cour trois nains au moins : *Merville*, qui semble avoir appartenu plus spécialement à Henri II et auquel on donna un trousseau complet et les deux nains de Catherine *Bezon* et *Augustin Romanesque* ; ces deux derniers nous paraissent avoir été des personnages assez importants puisque l'un deux, Bezon, avait pour gouverneur un moine, de très petite taille lui-même, que les comptes de l'argenterie nomment le *petit nonneton*, et que le second, le *petit Romanesque* « eut, cette année même, un superbe habillement des couleurs grises et jaunes, d'un quart de velours gris et un haut bonnet à la turque dont le rebras (la partie retroussée), était de parme de soie jaune. » Merville qui vivait encore en 1558, était passé au service de la reine et avait également un gouverneur, Richard Hubert, dit Noblesse. Il est fait mention de ce nain dans les comptes du mois de septembre 1558. « A Marville (sic) nain de la Royne pour faire sa despence au devant du Roy où la dicte dame l'envoya, 50 sols tournois. En 1559, Romanesque avait pour lui tenir compagnie un jeune garçon nommé Hannibal et tous les deux étaient sous la direction de Manguichore qui leur servait de gouverneur. Ce Romanesque était assez riche pour pouvoir prêter de l'argent, (74 livres tournois) à « celui qui avoit la charge du grand léopard du roi, à saint Germain. » Il se les fit rembourser, du reste, en 1560 et sut en même temps se faire donner par le Roi « 69 livres tournois pour avoir ung cheval pour suivre ordinairement le dict seigneur. » Il mourut ou quitta la cour, dans le courant de cette même année, 1560, puisque, au commencement de 1561, on ne trouve plus qu'un nain dans les comptes de la maison du Roi, le *petit La Roche*; lui aussi avait un cheval qui figure dans la nomenclature des chevaux de l'écurie de la reine mère en 1561. Il accompagna sa maîtresse dans le voyage qu'elle fit à Orléans après l'assassinat du duc de Guise en 1563 : La reine avait à sa suite dix pages, plus La Roche, « qui comptait comme onzième » et parmi les objets que ces onze serviteurs emportèrent en voyage, on voit figurer « onze paires d'heures » ce qui prouve que le nain, aussi bien que les pages, savaient lire.

Henri III, François II, Charles IX, paraissent avoir partagé le goût de leur mère pour les nains : « Dans un tournoi que Charles IX donna en 1563, continue Garnier, il fit paraître son nain en compagnie de *Montagne*, nain de la reine d'Espagne, et Henri III, en 1577, entretenait *Jean de Crésoqui* dit *Domine* et don *Diégo* de Portugal. Leur prédilection pour ces petits êtres étant tellement connue que les souverains étrangers leur en envoyaient en présents. En 1572, le roi de Pologne, Sigismond Auguste, donna à Charles IX quatre nains qui lui furent amenés et présentés par Grégoire le Blanc, « valet de chambre de la sœur du roi de Pologne ». Auquel on fit remettre comme récompense cent-vingt livres tournois. Un mois après, Claude la Loue vint en France accompagné de trois autres nains également polonais, qu'il offrit au roi de la part de l'Empereur d'Allemagne, Maximilien II. Ainsi dans cette seule année 1572, sept nains vinrent augmenter ce personnel lilliputien de la Cour de France, et, ce qui est assez singulier, c'est que ces nains étaient tous d'origine polonaise. En 1556, du reste, Catherine de Médicis avait déjà reçu en présent du roi de Pologne, deux nains que les documents désignent sous les noms de *grand Pollacre* et du *petit nain Pollacre* ou *petit nain Pollaçon*. Il semble que la Pologne ait eu, à cette époque, le triste privilège de produire une assez grande quantité de nains et si nous en croyons Camerarius, ces nains étaient assez vigoureux et ne devaient pas manquer d'amour-propre. « Nous avons veu, dit-il, des nains amenez de Pologne en France, fort petits, mais courageux et robustes à merveilles. J'ay entendu de gens dignes de foy, qu'ès dernières guerres de France se trouva un nain polonais, capitaine de gens de pied, homme merveilleusement adroit à tirer arquebuzades : lequel outre plus se vantait, si l'on voulait fournir aux frais nécessaires, d'avoir le moyen de faire levée et dresser une compagnie complette de nains polonais tous braves harquebuziers et de les amener en France.[1] »

Il ne faudrait pas croire cependant, d'après les lignes précédentes, que tous les nains qui paraissaient à la cour de France fussent de nationalité étrangère. Il y en avait aussi de français : « Catherine de Médicis, dit Louis Guyon, de mon temps, avoit trois masles et trois femelles de ces nains que l'on avait mariez ensemble, mais il n'en sortit aucune lignée : je le ay veu souvent danser en rond voltes et gaillardes : et les gens de ladite dame voyant beaucoup de personnes admirer la petitesse de ces créatures (car le plus grand d'iceux n'excédait la hauteur de deux pieds et demy) donnoyent à entendre qu'elle les avait recouvers à grands frais du pays des Pygmées, par le moyen d'aucuns Allemans ; mais j'ay bien sceu le contraire parce qu'il y avait un qui estoit de Sancerre, l'autre Breton, l'autre Normand, et

1. *Les méditations historiques*, de P. Camerarius, Lyon 1610.

aussi des femelles, et avoient tous esté ramassez de dans l'enclos du roïaume de France [1]. »

En 1578 et 1579, Catherine de Médicis avait encore cinq nains, *Martin, Rodomont, Pelavine, Majoski* et *Mandrecart*. Henri III, Henri IV, eurent aussi des nains qui figurent dans les comptes des argentiers.

Henri IV en possédait trois, *Albert de Xanica, Merlin et Marin Noël.*

« L'Infante-Claire Eugénie, raconte Tallemant des Réaux [2], envoya une naine à la reine, dans une cage. Le gentilhomme qui la lui présenta dit que c'était un perroquet ; et offrit à la reine, pourvu qu'on n'ôtat point la couverture, de peur de l'effaroucher, de lui faire faire par ce perroquet un compliment en cinq ou six langues différentes. En effet, il en fit un, en espagol, en italien, en français, en anglais et en hollandais. Aussitôt on dit ; « ce ne saurait être un perroquet » il ôta la couverture et on trouva un naine. Elle crut assez, pour être une petite femme, et on la maria à un assez grand homme nommé Lavan, irlandais, qui était à la reine. Elle fut femme de chambre, et mourut au bout de quelques années en mal d'enfant. »

« Mademoiselle a eu une naine qui était la plus

1. L. Guyon. *Les diverses leçons.*
2. Tallemant des Réaux, p. 343.

petite personne qu'on ait jamais vu. Elle n'avait pas deux pieds de haut, bien proportionnée, hors qu'elle avait le nez trop grand. Elle faisait peur. Les médiocre spoupées étaient aussi grandes. Je crois qu'elle est morte. »

» Le feu roi (Louis XIII), avait un fort petit nain, nommé Geoffroy, mais fort bien proportionné. »

En France, la charge et le titre de nain du roi ne furent supprimés qu'en 1662 par Louis XIV. La pièce qui le constate est assez curieuse pour être citée :

Le 28 août 1660, un musicien nommé Pierre Pièche, reçut du roi le brevet d'intendant des instruments musicaux servant au divertissement du roi. Deux ans après, le 3 mars 1662, le même Pierre Pièche fut nommé musicien et garde des instruments de la musique de la chambre du roi « et, dit le brevet pour cette nouvelle charge, lequel se trouve aux archives du royaume, affin de n'estre point obligé d'ordonnancer un nouveau fonds pour l'appointement que sa Majesté désire estre affecté à ladicte charge, elle entend que les gages qu'a ledict Pierre Pièche par la mort de Baltazard Puison, *nain*, ne soient plus reçus soubs le titre de nain, mais qu'ils lui soient dellivrez soubs le titre de garde des instruments de la musique de sa chambre qui, pour cet effect, sera désormais employé dans les estats de sa maison au lieu dudict tiltre de nain. »

Suivant l'exemple donné par la cour, les grands seigneurs entretenaient aussi des nains. Mais leur histoire n'est point connue et sauf *Jean Verjus*, qui appartenait à Henri de Bourbon, prince de Condé, *Dom Pedro*, au marquis de Boufflers, *Jacob* le nain de M. de Liônne, qui fut évêque de Gap et vicaire apostolique en Chine, on ne trouve aucune notice biographique. C'est donc pour mention que nous les signalons.

Mais nous ne pouvons passer sous silence le dernier nain qui en France ait porté le nom de nain en titre d'office, d'autant plus qu'il était notre contemporain.

« Né vers 1769, Richebourg entra tout jeune encore au service de la duchesse d'Orléans, mère du roi Louis-Philippe : on lui donna parmi les personnes attachées à la maison de la princesse le titre de sommelier, mais en réalité il ne remplit jamais les devoirs de sa charge et on le considérait plutôt comme une curiosité que l'on montrait aux visiteurs : il avait à peine soixante-cinq centimètres de haut. Très dévoué à la famille de sa bienfaitrice, il donna plusieurs fois des preuves de son dévouement, notamment pendant l'époque révolutionnaire, où il fut chargé d'aller porter au dehors des messages pressés et des dépêches importantes. A ce effet on l'emmaillotait comme un tout jeune enfant et une nourrice le portait dans ses bras, bien qu'il eut à cette époque à peu près vingt-cinq ans ; on mettait les dépêches importantes sous son bonnet ou sous son petit chapeau d'enfant. Pendant les trente dernières années de sa vie, il ne sortit point de l'appartement qu'il habitait rue du Four-Saint-Germain et ne se montrait jamais aux indiscrets qui, connaissant son existence, venaient quelquefois frapper à sa porte : la vue seule d'un étranger lui causait une profonde terreur et une invincible répugnance. Dans sa famille, cependant, il était très gai, très bavard et souvent spirituel. Il mourut en 1858, âgé de quatre-vingt-dix ans, et jusqu'au moment de sa mort, la famille d'Orléans lui fit servir une pension annuelle de trois mille francs. Nous n'avons pu savoir s'il était marié et s'il avait eu des enfants.[1] »

NAINS ATTACHÉS A LA COUR D'ESPAGNE

Suivant l'usage, les rois d'Espagne eurent aussi des nains. Le nain de Charles-Quint, dont F. Torbido a laissé un splendide portrait, maniait la lance avec une habileté remarquable. Un tournoi ayant eu lieu dans la ville de Bruxelles, il fit as-

---

[1]. Garnier. Ouv. cité, p. 163.

saut et fut jugé digne de remporter un deuxième prix.

Charles II, avait encore des nains : « Ne croyez pas, dit Mme d'Aulnoy [1], que leurs majestés soient environnées de personnes de la cour quand elles dînent : Il y a tout au plus quelques dames du palais, des menins et *quantité de naines et de nains.* » Parmi eux cependant il y en avait un qui avait plus d'importance que les autres :

« Je n'ai jamais rien vu de si joli que le nain du Roy, qui s'appelle *Louisillo*. Il est né en Flandre et d'une petitesse merveilleuse, parfaitement bien proportionné. Il a le visage beau, la tête admirable et de l'esprit, plus qu'on ne peut se l'imaginer, mais un esprit sage et qui sait beaucoup. Quand il va se promener, il y a un palefrenier monté sur un cheval qui porte devant lui un cheval nain qui n'est pas moins bien fait en son espèce que son maître en la sienne. On porte ce petit cheval jusqu'au lieu où Louisillo le monte, car il serait trop fatigué s'il fallait qu'il allât sur ses jambes, et c'est un plaisir de voir l'adresse de ce petit animal et celle de son maître lorsqu'il lui fait faire le manège. Je vous assure que quand il est monté dessus, ils ne font pas plus de trois

---

[1]. M^e la comtesse d'Aulnoy. *La Cour et la ville de Madrid, vers la fin du XVIIe siècle*, relation du voyage d'Espagne Paris, 1874.

quartiers de hauteur. Il disait l'autre jour fort sérieusement qu'il voulait combattre les taureaux à la première fête, pour l'amour de sa maîtresse dona Elvira. C'est une petite fille de sept ou huit ans d'une beauté admirable. La reine lui a recommandé d'être son galant. »

Mme de Villars [1], dont le mari était ambassadeur de France en Espagne, parle aussi de Louisillo en ces termes :

« Le roi a un petit nain flamand, qui entend et parle très bién français. Il n'aidait pas peu à la conversation. On fit venir une des filles d'honneur en *garde-infante* pour me faire voir cette machine. Le roi me fit demander comment je la trouvais, et je répondis (au nain) que je ne croyais pas qu'elle ait jamais été inventée pour un corps humain. Il me parut assez de mon avis ».

NAINS DE LA COUR DE BAVIÈRE

« A la cour du roi de Bavière, il y en avait un si microscopique qu'un cuisinier imagina un jour de le blottir dans un pâté et de le servir à un festin. A un moment donné, le pâté s'entr'ouvre avec fracas, le personnage caché dedans se redresse, saute sur la table enjambe plats, verres, bouteilles, puis, après avoir coupé le cou à un faisan

---

1. *Lettres* de la marquise de Villars, Paris 1868.

qu'il rencontre sur son chemin, il s'enfuit précipitamment laissant les convives abasourdis d'une apparition qui ne figurait pas sur le menu. »

NAINS ATTACHÉS A LA COUR D'ANGLETERRE

Au XVIe siècle, la mode des nains existait surtout en Angleterre : Ce pays semble avoir été de tout temps' le pays priviligié des nains dont plusieurs ont acquis une véritable célébrité.

Parmi eux nous citerons tout d'abord *Jeffrey Hudson*, né en 1616 à Oakham dans le Rutlandshire. Il ne semble pas appartenir à cette famille de rachitiques qui composent la presque totalité des nains que nous avons déjà mentionné : « quoique nain de la plus petite stature, il n'offrait rien de contrefait ni dans sa taille ni dans sa physionomie. Sa grosse tête, ses longues mains et ses pieds étaient à la vérité disproportionnés à son corps et sa taille était plus épaisse que ne l'auraient exigé les règles de la symétrie ; mais l'effet qui en résultait était plaisant sans avoir rien de désagréable. S'il eut été un peu plus grand, il aurait même pu passer pour avoir de beaux traits. Dans sa vieillesse, ils étaient encore frappants et expressifs, et ce n'était que la disproportion considérable qui se trouvait entre sa tête et son corps qui les faisait paraître bizarres et singuliers, effet qu'augmentaient encore ses moustaches, qu'il s'était plu à laisser croître de manière qu'elles allaient presque se confondre avec sa chevelure grise [1]. »

Jeffrey, s'il faut en croire ses biographes eut beaucoup d'aventures et du meilleur monde. D'ailleurs il le méritait et faisait honneur à celles qui lui accordaient leurs faveurs. Il avait de l'esprit, était courageux et dévoué. Nommé capitaine de cavalerie, au commencement de la révolution d'Angleterre, il fut du nombre de ceux qui accompagnèrent la reine Henriette quand elle se réfugia en France. C'est à cette époque que se place un duel qui l'a rendu fameux et a prouvé une fois de plus qu'il savait se faire respecter des railleurs. Un jour un certain gentilhomme, appelé Crofts, se permit de le plaisanter ; mais Jeffrey lui fit comprendre qu'il ne goûtait nullement ce procédé. Le gentilhomme le traita alors du haut de sa grandeur : le nain lui envoya ses témoins : un duel s'en suivit : l'arme choisie était le pistolet. Arrivé sur le lieu du combat, Crofts tire de sa poche une seringue ; Jeffrey lui tourne le dos, rentre chez lui et lui adresse de nouveau ses témoins, chargés cette fois d'instructions telles, que son adversaire dut renoncer à renouveler la plaisanterie ; il se rendit donc sur le terrain ;

---

[1]. Walter Scott. *Pévéril du Pic.*

les deux champions se battaient à cheval; On donna le signal : une balle atteignit en pleine poitrine le gentilhomme insulteur qui tomba mortellement frappé. A la suite de cette affaire, Jeffrey fut emprisonné, mais bientôt après rendu à la liberté, il fut exilé de la cour pendant un certain temps.

Rentré en Angleterre sous la restauration, il se mit à nouer des intrigues politiques. Poursuivi comme ayant pris part au complot papiste, il fut pris, enfermé à la prison de Westminster, où il mourut en 1672, âgé de plus de soixante années.

Comme le fait observer le Dr Martin, Jeffrey était bien près de remplir les conditions d'un véritable nain, mais il est un côté par lequel il se dérobe, car l'histoire est muette sur ses aptitudes génératrices, et ses bonnes fortunes sont insuffisantes à soulever le voile qui couvre ce mystère.

A côté de *Jeffrey*, se place *Richard Gibson*, dont nous avons déjà eu occasion de parler (page 87).

NAINS ATTACHÉS A LA COUR DE RUSSIE

En Russie, les nains parurent aussi à la cour, et malgré les expériences infructueuses de Catherine de Médicis, et celle de l'épouse de Joachim-Frédéric de Brandebourg, pour perpétuer la race des nains, Pierre le Grand, ou plutôt la princesse Nathalie sa sœur, avait marié ensemble deux nains de sa cour : on donna à cette occasion une fête à tous les nains que l'on put rassembler dans l'Empire.

« L'an 1713, la princesse Nathalie, sœur unique de Pierre le Grand, de la même mère, prépara des noces solennelles pour un nain et une naine de sa cour qui avaient résolu de s'épouser. Pour cet effet, ayant fait construire plusieurs petits carosses et fait venir des petits chevaux des îles Schetlandes pour les atteler, elle fit inviter tous les nains de l'empire, au nombre de quatre ving-treize. On les conduisit d'abord en grande procession par toutes les rues de la ville de Moscou. Il y avait à la tête une grande voiture remplie de muciciens qui faisaient retentir les timbales, les trompettes, les cors de chasse et les hautbois. Ensuite venait le maréchal de la cour suivi de son cortège à cheval, deux à deux : puis l'époux et l'épouse dans un carosse à six chevaux, accompagnés de leurs conducteur et conductrice et suivi des autres nains, quatre à quatre, dans quinze petits carosses attelés chacun de six petits chevaux de Schetlandes. Ce fut un spectable surprenant que de voir tant de petites créatures ensemble dans des équipages proportionnés à leur taille. Deux escadrons de dragons escortaient la marche pour écarter la presse et plusieurs personnes de condition accompagnèrent dans leur carosse ce petit couple jusque dans l'église où il fut uni par la bénédiction nuptiale. De là, cette procession se rendit dans le même ordre au palais de la princesse où un festin magnifique attendait la compagnie. Deux grandes tables se trouvèrent dressées des deux côtés du salon, où les nains furent régalés. La princesse avec ses deux nièces, Anne et Élizabeth, ne se mirent à table qu'après avoir vu que les convives avaient pris leurs places et que tout était servi en bon ordre. Le soir, la princesse elle-même conduisit fort solennellement la nouvelle mariée dans sa chambre. Après cette cérémonie on assigna un grand appartement à la compagnie des nains pour s'y divertir, et le tout se termina par un bal qui dura jusqu'au lendemain matin. La suite de la princesse fut si nombreuse en cette occasion qu'elle occupa plusieurs appartements [1]. »

On connait aussi cette naine centenaire que le Dr Gulhrie avait vue en Russie, en 1794, et qui avait appartenu au czar il l'avait toujours près de lui et l'appelait sa poupée. Mais elle n'était pas la seule. Pierre le Grand avait encore des nains qui faisaient partie de sa suite lorsqu'il voyageait. Sa première femme, la czarine Eudoxie,

[1]. *Almanach de Gœttingue*, (édit. franc). Solennité de mariage d'un couple de nains.

avait aussi une naine qui la suivit dans son exil :
« Eudochia [1] resta confinée dans sa prison depuis l'année 1719 jusqu'au mois de mai 1727, et elle n'y eut d'autre compagnie et assistance que celle d'une vieille naine qu'on y avait enfermée avec elle pour lui préparer à manger et laver son linge faible secours qui luy fut souvent inutile et même à charge en ce qu'elle se trouva plus d'une fois obligée de servir à son tour la nayne, lorsque les infirmités de cette créature la mettaient hors d'état d'agir. »

« La mode des nains nous dit Garnier, subsista longtemps en Russie : Porter [2], dans ses voyages en *Russie et en Suède*, publiés au commencement de ce siècle, nous apprend que, dans la première de ces contrées, la coutume d'entretenir des bouffons et des nains est très répandue chez les nobles et les grands seigneurs ; et après avoir constaté avec satisfaction que les naines y sont relativement rares, il ajoute : « Les nains y sont là comme pages chez les grands auxquels ils servent de divertissements ; dans toutes les réceptions, ils se tiennent, quatre heures durant, derrière le siège de leurs maîtres, portant leur tabatières ou attendant leurs ordres. Il y a peu

---

1. Villebois. *Mémoires secrets de la cour de Russie sous les règnes de Pierre le Grand et de Catherine Ier*.

2. Porter. *Travels in Russia and Sweden*, 1805-1808.

de grands seigneurs ou même de simples gentilshommes dans ce pays qui ne possèdent un ou plusieurs de ces jouets de la nature. Les nains sont généralement les personnes les plus richement vêtues parmi tous les serviteurs de la maison et leurs uniformes ou leurs livrées coûtent souvent des sommes considérables. En présence de leurs maîtres, ils se tiennent ordinairement dans un angle de la pièce, faisant l'office de pages ; et en leur absence, ils sont plus particulièrement chargés de soigner les chiens, de les tenir propres et de les peigner. La race de ces malheureux, très nombreuse en Russie, est véritablement remarquable par sa petitesse. Ils sont généralement bien proportionnés : leurs mains et leurs pieds sont particulièrement bien faits et gracieux. Sauf leur tête qui, presque toujours, est un peu trop grosse, nous ne pouvons trouver réellement rien à reprocher dans leur ensemble et si on les considère en masse, ils sont, à quelques exceptions près, si bien faits et si jolis dans leurs petites personnes que l'on ne peut s'en faire une idée exacte quand on ne connait que les êtres disgracieux et difformes que l'on montre dans nos foires en Angleterre (je ne veux pas dire par là cependant que nous devions envier à la Russie ces échantillons de la race humaine). Il est véritablement curieux de voir comment ces nains se ressemblent presque tous entre eux ; leurs traits sont tellement semblables généralement que vous pourriez facilement vous imaginer qu'un seul couple de nains a produit tous ceux que l'on voit dans ce pays. »

NICOLAS FERRI (BÉBÉ).

Mais certes le nain le plus connu fut Bébé.

La première mention qui est faite de ce nain remonte à 1746. Elle se trouve dans un rapport de Geoffroi sur la description de Nicolas Ferri [1].

Diderot lui a également consacré une notice dans l'*encyclopédie*, et il le donne comme un petit monstre bête et grotesque : « Son vrai nom était Nicolas Ferri : il était l'aîné de plusieurs frères et sœurs aussi bien constitués que leurs parents ; il faisait donc tache sur la famille et, par un singulier destin, ce fut lui qui eut le plus de chances de la vie. »

D'après le rapport de Geoffroi, « le 13 novembre 1741, il naquit au village de Plaisne (Vosges). A 7 mois, sa taille était de 8 à 9 pouces (21 cent.) et pesait 12 onces (380 gr. environ). »

Le 25 juillet, M. Kast, premier médecin de la reine-duchesse, le mesura et le pesa avec soin :

---

[1]. *Histoire de l'Académie royale des sciences* an MDCCLVI, observ. anatom., VIII. Paris, Imprim. royal, MDCCLI.

« Il était long de 22 pouces (61 cent.) il pesait, étant nud, 9 livres 7 onces. Il était pour lors formé dans sa petite taille autant qu'un homme de vingt ans pourrait l'être. » Ce qui fit conjecturer à M. Kast que cet enfant ne croîtrait que bien peu : toutes les parties de son corps sont bien proportionnées en tout : il a un joli visage, le nez bien fait et aquilin, les yeux d'un brun foncé et les cheveux blonds et argentés ; il a sur le front une grande et une petite marque blanche de vérole, maladie qu'il a eue à l'âge de trois mois ; quelques autres pareilles, mais plus petites, sont répandues sur son corps ; le ventre était un peu gros quand on l'amena à la cour, sans doute à cause des aliments grossiers dont il usait, car depuis qu'on le nourrit de mets plus succulents, il est considérablement diminué, quoique l'enfant soit engraissé. On lui a fait des habits et des meubles pour son usage ; il est d'une vivacité extraordinaire et ne reste pas un moment en repos : il ne craint rien et ne se laisse pas détourner de son objet quelque frivole qu'il paraisse, le reste lui est indifférent ; son rire est très gracieux, mais il ne rit pas souvent, il marque de la tendresse pour les femmes qui en ont soin : il paraît avoir de la mémoire, mais pas autant qu'un enfant ordinaire de son âge. Quinze jours après son arrivée à la cour, sa mère vint le voir, il ne semblait plus la connaître : cependant à son départ, il la caressa beaucoup ; sa voix est celle d'un enfant d'un an, ses organes étant proportionnés au corps ; ses genoux et surtout le droit avançaient un peu en dehors, ce qui diminuait sa hauteur d'environ un demi-pouce, et peut venir du peu de soin qu'on a eu de lui après sa naissance. »

Ce premier rapport passa presque inaperçu à l'Académie des sciences qui ne s'occupa de ce nain qu'après la communication faite en 1760 par le comte de Tressan, au sujet d'un autre nain, Borulaswki, qui vécut pendant quelque temps avec Bébé à la cour de Lunéville.

Morand, qui avait soigné la princesse Humiecska, avait pu en même temps examiner les deux nains et adressa à l'Académie un mémoire qui fut lu en séance publique le 14 novembre 1764, qu'il accompagna de la statue en cire de Bébé, œuvre du chirurgien Jeanet, qui pendant plusieurs années avait pris soin de la santé du nain. C'est cette statue que l'on voit aujourd'hui à l'Ecole de médecine de Paris. « Nous avons vu, dit Morand, combien il était petit au moment de sa naissance : il eût été perdu dans un berceau ordinaire, aussi se contenta-t-on d'un sabot qu'on garnit d'étoupes et où il fut fort à l'aise. Un plat lui suffit également de véhicule quand on le transporta à l'église pour le baptême.

Le sein maternel étant trop large pour sa bouche, il fallut qu'une chèvre y suppléât et il n'eut d'autre nourrice que cet animal.

A l'âge de dix-huit mois il commença à parler, et vers trois ans marchait presque sans secours. Deux ans plus tard, on le montra à quelques médecins qui déclarèrent que sa hauteur qui était de 22 pouces (63 cent.), et son poids de 10 livres, ne changeraient pas sensiblement. »

« La nourriture grossière des villageois des Vosges, telle que les légumes, le lard, les pommes de terre, fut celle de son enfance jusqu'à l'âge de six ans et il eut pendant cet espace de temps plusieurs maladies graves dont il se tira heureusement.

« Nous voici arrivés à l'époque la plus intéressante de la vie de Nicolas Ferri. Le roi Stanislas, ce Titus de notre siècle, entendit parler de cet enfant extraordinaire et désira le voir ; on le fit venir à Lunéville et bientôt il n'eut plus d'autre domicile que le palais de ce prince bienfaisant, auquel de son côté il s'attacha singulièrement, quoiqu'il témoignât ordinairement très peu de sensibilité, et ce fut alors qu'il prit le nom de *Bébé* qui lui fut donné par ce monarque.

« Quelques soins qu'on ait pu prendre pour

l'éducation de Bébé, il n'a pas été possible de développer chez lui ni jugement ni raison ; la très petite mesure de connaissance qu'il a pu acquérir, n'a jamais été ni à prendre aucune notion de religion, ni à former aucun raisonnement suivi ; sa capacité ne s'est jamais élevée beaucoup au-dessus de celle d'un chien bien dressé : il paraissait aimer la musique et battait quelquefois la mesure assez juste. Il dansait même avec assez de précision, mais ce n'était qu'en regardant son maître attentivement pour diriger tous ses pas et ses mouvements sur les signes qu'il en recevait. Il entra un jour à la campagne dans un pré dont l'herbe était plus grande que lui, il se crut égaré dans un taillis et cria au secours : il était susceptible de passions, telles que le désir, la colère, la jalousie, et pour lors ses discours étaient sans ordre et n'annonçaient que des idées confuses ; en un mot il ne montrait que cet espèce de sentiment qui naît des circonstances, du spectacle et d'un ébranlement momentané, et le peu de raison qu'il montrait ne paraissait pas s'élever beaucoup au-dessus de l'instinct de quelques animaux.

« Mme la princesse de Talmond essaya de lui donner quelque instruction, mais malgré tout son esprit, elle ne put développer celui de Bébé ; il en résulta seulement ce qui devait naturellement arriver, il s'attacha à elle et en devint même si jaloux qu'un jour voyant cette dame caresser une petite chienne devant lui, il l'arracha de ses mains avec fureur et la jeta par la fenêtre en disant : « Pourquoi l'aimez-vous plus que moi ? »

De tels exemples n'étaient pas faits pour pronostiquer que ce serait un bien aimable époux : cependant on songea à le marier avec une de ses compatriotes, née comme lui dans les Vosges, naine à peu près autant que lui, et qui s'appelait Thérèse Souvray. Elle fut fiancée à Bébé en 1761, et on fixa le jour de la célébration des noces. Dans cet intervalle, Bébé trépassa et elle reprit sa liberté [1].

Bébé n'avait pas une physionomie désagréable ; sa statuette en cire, placée, nous l'avons déjà dit, dans l'une des salles du musée Orfila de l'École de médecine de Paris, le représente en habit de cour, culotte courte, perruque Louis XV, et elle donne quelque peu l'idée d'un monstre assez bien fait, impression que ne modifie pas un portrait au pastel du musée de Nancy.

---

[1]. Virey, dans le *dictionnaire des sciences médicales*, la cite comme un exemple extraordinaire de longévité parmi les nains. Quand on la montra en 1819 au théâtre Comte, elle avait 73 ans et mesurait 864 millimètres. — Nous avons vu plus haut que Richebourg avait 90 ans à sa mort. C'est là certainement un exemple unique.

Jusqu'à l'âge de 15 ans, il répondit à peu près à ce portrait. Mais parvenu à cet âge, la scène change. Son rachitisme congénital, resté latent, éclate subitement : sa colonne vertébrale se ramollit, son dos s'incurve, ses traits se flétrissent, sa peau se ride et son enjouement fait place à une maussaderie continuelle.

La décrépitude fit de rapides progrès et le 9 juin 1764 il s'éteignit de consomption, âgé de près de 23 ans. Il avait 891 millimètres.

Le squelette qu'on a conservé, continue Morand, offre une singularité remarquable : Au premier coup d'œil, il paraît être celui d'un enfant de quatre ans, mais quand on examine l'ensemble et les proportions, on est étonné d'y reconnaître le squelette d'un adulte.

Le comte de Tressan, grand officier de la maison Stanislas qui avait pu connaître Bébé et juger de son intelligence mieux que Morand, est bien plus sévère dans son appréciation sur le nain.

« Bébé est dans sa vingtième année (1760) ; il eut reçu la meilleure éducation s'il eut été capable d'en profiter ; son dos semble courbé par la vieillesse, son teint est flétri, une de ses épaules est plus grosse que l'autre, son nez aquilin est devenu monstrueux, l'apophyse nasale s'est élevée d'une façon difforme dans sa parti supérieure ; son esprit n'est nullement formé ; on n'a jamais pu lui donner une idée de la religion ni lui apprendre à connaître une lettre, il n'a jamais pu faire le plus petit ouvrage ; il est imbécile, colère, et le système de Descartes sur l'âme des bêtes serait plus facilement prouvé par l'existence de Bébé, que par celle d'un singe ou d'un barbet. J'avoue même que je n'ai jamais vu Bébé qu'avec répugnance et une secrète horreur qu'inspire, presque toujours, l'avilissement de notre être.. . »

Malgré tout, Stanislas regretta beaucoup son nain, il prenait plaisir à badiner avec lui, à le voir sauter sur la table et à folâtrer au milieu des plats pour revenir s'asseoir sur les bras de son fauteuil. Il lui fit faire de belles funérailles et ordonna qu'il fût inhumé dans l'église des Minimes à Lunéville, où on voit son mausolée avec l'épitaphe suivante :

HIC JACET
NICOLAUS FERRI, LOTHARINGUS
NATURÆ LUDUS,
STRUCTURÆ TENUITATE MIRANDUS,
AB ANTONIO NOVO DILECTUS.
IN JUVENTUTE, ÆTATE SENEX :
QUINQUE LUSTRA FUERUNT IPSI SECULUM
· OBIIT NONA DIE JUNii
MDCCLXIV.

JOSEPH BORWFLASKY

Joseph Borwflasky a joui d'une célébrité qui n'a pas égalé celle de Bébé, bien qu'il en fut pourtant plus digne. Il naquit près de Chaliez, dans la Pologne Russe, au mois de novembre 1739. S'il était de quelques pouces plus haut que Nicolas Ferri, il n'en était pas moins un nain et un nain de façons beaucoup plus distinguées ; c'était du reste un gentilhomme polonais ; il avait des frères et des sœurs tous bien conformés, sauf l'aîné, qui, bien qu'aussi petit que lui, ne devait cependant avoir le même succès.

Le comte de Tressan [1] envoya à l'Académie des sciences un mémoire où il donna des renseignements sur ce nain :

« M. Borwflasky, gentilhomme polonais, est arrivé à Lunéville à la suite de Mme la comtesse Humiecska, parente de Sa Majesté le roi de Pologne et grand Porte Glaive de la Couronne. Ce jeune homme peut être regardé comme l'être le plus singulier qui soit dans la nature, et Bébé, nain du roi de Pologne, n'a plus rien qui doive surprendre.

» M. Borwflasky a vingt-deux ans, sa hauteur est de vingt-huit pouces (0,775) ; il est parfaite-

[1]. *Mémoire sur un nain* envoyé à l'Académie des sciences par M. le Comte de Tressan, associé. S. I, 1760.

ment bien formé dans sa taille, la nature ne s'est point échappée et nulle partie monstrueuse ne le défigure. Sa tête est bien proportionnée, ses yeux sont beaux et pleins de feu, tous ses traits sont agréables, sa physionomie est douce, spirituelle et annonce la gaîté, la politesse, et toute la finesse de son esprit. Sa taille est droite et bien formée ; ses genouils, ses jambes et ses pieds sont dans les proportions exactes d'un homme bien fait et vigoureux. Il lève avec facilité, d'une seule main, des poids qui paraissent considérables pour sa stature.

» Il jouit d'une bonne santé, il ne boit que de l'eau, il mange peu, il dort bien et résiste à la fatigue. Il danse avec justesse, il est adroit et léger ; la nature n'a rien refusé à cette aimable créature ; elle semble même avoir voulu le dédommager de son extrême petitesse par les grâces qu'elle a répandues sur sa figure et par celles qu'on découvre à tout moment dans son esprit.

» Il joint aux manières les plus gracieuses des réparties fines et spirituelles, il parle très sensément de tout ce qu'il a vu, sa mémoire est très bonne, son jugement fort sain, son cœur est sensible et capable de reconnaissance et d'attachement, il n'a jamais montré de colère ni de méchanceté ; il est d'une complaisance extrême, il sent vivement tout le prix des politesses qu'on lui fait, surtout lorsqu'on lui parle comme à un homme de vingt-deux ans, et avec tous les égards dus à un gentilhomme. Cependant il ne montre ni impatience ni humeur à ceux qui abusent un peu de sa petite taille pour badiner ou causer avec lui comme avec un enfant... Il est très instruit dans la Religion catholique qu'il professe ; il lit et écrit bien, il sçait l'arithmétique, et il a même un esprit d'arrangement qui lui fait tenir dans le meilleur ordre le compte de ce qu'il a : il est d'une adresse extrême pour tous les ouvrages qu'il entreprend et il est facile de remarquer qu'il ne se compromet jamais à tenter ceux qui sont au-dessus de ses forces. En quatre mois, il a appris l'allemand assez à fond pour s'exprimer avec facilité et en termes choisis ; en un mot, il n'a rien qui tienne à l'enfance et à cette espèce de faiblesse et d'imbécillité qui dans le nain du roi de Pologne, se manifeste souvent et plus encore que dans un enfant de quatre ans. »

La comtesse Humiecska, qui en était propriétaire, en était très entichée : il en valait vraiment la peine : Saint-Foix[1] en dit beaucoup de bien : « ...on dirait que la nature, loin de le vouloir disgracier, s'est plu à perfectionner la mignature d'un homme ; sa tête, son cou, ses épaules, ses

1. Poullain de Saint-Foix, Essais, T. IV.

bras, sa taille, ses jambes, ses pieds, en un mot toutes les parties de son corps sont exactement proportionnées : il a les yeux vifs et brillants et tous les traits de son visage sont gracieux ; il parle avec retenue et répond avec beaucoup d'esprit et de politesse... »

Vers l'âge de vingt-trois ans, il se maria et eut plusieurs enfants bien constitués, sur la provenance desquels on le plaisantait ; mais il ne s'en fâchait point. L'époque de sa mort n'est pas connue. Suivant les uns, il serait mort de décrépitude à trente ans ; suivant les autres, parmi lesquels se trouve Isidore-Geoffroy Saint-Hilaire, il aurait encore été vivant à son époque et sa mort ne serait arrivée qu'en 1837, ayant ainsi atteint l'âge respectable de quatre-vingt-dix-huit ans. En réalité, c'est donc un point incertain qui a cependant son importance ; car il pourrait à lui seul aider à résoudre la question du rachitisme et par conséquent éclairer sur le nanisme de Borwflasky. « Pour ce qui est de ses enfants, dit le docteur Martin, leur paternité est-elle bien avérée ? Des doutes sont au moins permis, de sorte qu'il faut, pour lui aussi, réserver la question du vrai nanisme. »

NAINS CONTEMPORAINS

Nous en avons fini, dans ce rapide aperçu, avec

les nains qui ont laissé quelque trace de leur passage dans l'histoire. Il ne nous reste plus qu'à parler brièvement de quelques nains et naines que nous avons tous connu et qui ont pendant quelque temps, et à tour de rôle, défrayé la curiosité publique. Or, leur portrait, leur allure, leur intelligence, étaient, on a pu s'en rendre compte, identiquemeut les mêmes que ceux dont l'histoire nous a conservé le souvenir.

STRATTON (TOM POUCE)

Tout le monde se rappelle celui qui se faisait appeler le général *Tom-Pouce*, de son vrai nom Stratton.

A sa naissance, il pesait neuf livres et deux onces (4566 grammes), un peu plus que le poids ordinaire d'un enfant nouveau-né ; à cinq mois il pesait quinze livres et mesurait vingt-trois pouces anglais de haut (0,552). A partir de ce moment il cessa de grandir et son poids n'augmenta guère plus que de soixante-dix grammes. Après avoir été montré en Angleterre, où il fut comblé de cadeaux, il vint en France. Le *Journal des Débats* [1] rend ainsi compte de sa présentation à la cour. « Tom Pouce a, comme tous les nains une tête grosse si on la compare au reste du corps,

1. 26 mars 1845.

ses cheveux sont blonds et rares. Il a les yeux d'une expression joviale, la bouche petite et rieuse le nez incomplet, les pieds et les mains d'une finesse exquise. L'ensemble de sa tournure est distinguée, son teint est clair, ses joues animées. On remarque chez lui une vivacité incroyable et un don d'imitation étrange. Il répond avec une précision rapide aux questions qui lui sont faites et il ne paraît pas embarrassé de celles qu'il attend le moins.

« Il a les mains pleines de bijoux et de tabatières microscopiques que l'inconcevable idolâtrie des anglaises a fait fabriquer à son intention. Fanny Essler lui a donné l'épingle qui attachait sa cravate ; la reine d'Angleterre, surtout l'a comblé. Il a montré au Roi un porte-cartes qui est un don de Sa Majesté Britannique et il en a tiré une douzaine de cartes lilliputiennes qu'il a très galamment distribuées à la famille Royale en commençant par le Roi, la Reine, la duchesse d'Orléans et en finissant par le duc de Chartres. Ces cartes portent en gros caractères gothiques ces mots : *Gén. Tom. Thumb*. Le général paraissait enchanté que le roi des Français eut accepté sa carte de visite, qu'il est de bon goût comme chacun sait, de porter soi-même chez les personnes à qui on veut faire politesse. En toutes choses, Tom Pouce paraît un homme fort au courant des bonnes manières ; le séjour de Londres lui a profité ; il est maintenant un *lion* accompli. Tout le monde a remarqué la façon dont il saluait l'assistance après quelque exercice particulièrement applaudi ; et quand il a quitté le salon royal, il s'est retiré en marchant à reculons pour ne présenter que la face à l'auguste assistance et conformément à la stricte loi de l'étiquette diplomatique.

« Le roi a remis lui-même au courtois mirmidon une épingle fort belle en brillants mais qui avait l'inconvénient de n'être pas proportionnée à sa taille ; elle aurait pu lui servir d'épée. Quoiqu'il en soit, le général a exprimé le désir de l'attacher à sa cravate ; ce qu'il a fait en détachant l'épingle de Fanny Essler. Cette *infidélité* apparente de *Tom Pouce* n'était qu'une marque de déférence qu'il voulait donner au roi ; car on assure que de tous les honneurs qu'il a rapportés de ses voyages aucun ne lui sourit plus agréablement que le souvenir de la belle danseuse. Un jour, dit-on, poursuivi à outrance par la curiosité américaine dans un lieu public, il vit de loin Fanny Essler qui portait un manchon. Tom Pouce comprit qu'il était sauvé. Il courut à elle, sauta sur son bras, se fourra dans les chauds replis de son hermine et parvint ainsi à échapper. »

« Tom Pouce est, en effet, d'une légèreté et

d'une prestesse extraordinaire, même dans un nain. Il a exécuté devant le roi une danse originale qui n'est ni la polka, ni la mazourka, ni rien de connu. Cette danse a été évidemment inventée par Tom Pouce et personne ne la dansera après lui. J'en dirai autant d'un exercice auquel il se livre avec une prédilection marquée : il ne s'agit ni plus ni moins que d'imiter les poses des plus belles statues de l'antiquité grecque ou de représenter par l'attitude du corps et le mouvement des bras, des scènes connues de l'histoire ancienne. On l'a vu ainsi, monté sur une table ronde, reproduire successivement le combat de David contre Goliath, la lutte du Gladiateur, Samson ébranlant les colonnes du Temple, Hercule terrassant le lion de Némée. Je crois, Dieu me pardonne ! qu'on allait lui demander d'imiter l'Apollon du Belvedère et la Vénus de Médicis, ce qu'il eut fait avec la même docilité et le même succès grotesque, si une auguste bienveillance ne se fût préoccupée du danger d'une telle fatigue pour une santé si frêle et n'eût abrégé cette parade qui commençait à devenir d'une longueur inquiétante. J'aime mieux Tom Pouce quand il redevient gentilhomme, qu'il tire sa montre, voit l'heure qu'il est, nous offre des pastilles, une prise de tabac ou un cigare, le tout à sa taille. Je l'aime encore lorsqu'il s'asseoit sur un fauteuil doré, qu'il croise ses jambes et vous regarde d'un air fin et presque moqueur. C'est alors qu'il est amusant. Il n'est jamais plus inimitable que quand il n'imite rien, quand il est lui-même. Son originalité, au surplus, ne lui coûte pas de grands efforts : il y a peu de frais à faire ; il n'a qu'à se montrer, personne ne lui ressemble. Mais qui diantre ! lui a appris à chanter ? qui a pu lui donner le conseil de *montrer sa voix*, comme dit La Fontaine, cette voix aiguë et criarde, qui, malheureusement, est beaucoup moins imperceptible que sa personne.

« Tom Pouce a terminé sa soirée aux Tuileries par une exhibition fort brillante de son costume écossais. Il porte à merveille la toque du pays surmontée d'une plume qui est encore, si je l'ai bien compris, un cadeau de la reine d'Angleterre Il manie la claymore avec grâce et dextérité et vous tue son ennemi du coup. Le brillant plaid des montagnards flotte avantageusement sur ses épaules : la jaquette laisse voir des jambes vigoureuses, attachées à un pied mignon. Ce costume est le triomphe du général, je ne parle pas du célèbre uniforme qu'il portait à Londres et qui avait un succès frénétique chez nos voisins d'outre-mer. Le général Tom Pouce n'aurait pas osé porter ce costume aux Tuileries. J'espère donc, puisqu'il est homme de si bon goût, qu'il aura l'esprit, pendant tout le temps de son séjour en France, de le laisser au fond de sa valise. Or figurez-vous ce que doit être la valise de Tom Pouce ; toute la garde robe qu'il avait apportée aux Tuileries tenait dans un coffre à chapeau. »

Mais ce concert de louanges était fréquemment troublé par des notes discordantes qui, à notre avis, avaient le grand mérite de rappeler à la réalité :

« Est-il rien de plus humiliant pour l'humanité, disait Pitre Chevalier, que ce succès d'un nain qui efface en ce moment nos plus grands hommes, que cette fortune d'un monstre ? car enfin, Tom Pouce est un monstre... Il se montre en habit de ville, en habit de cour, en costume écossais ; il *va t'en ville* pour deux cents francs avec sa suite et son équipage. Sa voix n'en est pas une, c'est un vagissement. Il danse et chante anglais tant bien que mal. Son grand talent consiste à saluer à envoyer des baisers et à embrasser les dames. Il en a embrassé, dit-il, un million en Angleterre ; les anglaises ne sont pas dégoûtées ! Tom Pouce n'est pas difforme au premier coup d'œil, cependant il a le torse et la tête trop forts, les articulations raides, les cheveux roux et rares, le teint luisant, le nez presque nul, les yeux saillants.... Il est né dans le Connecticut de parents pauvres que sa difformité enrichit, et M. Stratton, son père, a déclaré l'an dernier aux percepteurs de l'*incometax*, un capital de vingt-cinq mille livres sterlings.... Tom Pouce est comblé de cadeaux par les souverains, et quelque despote l'achètera sans doute pour en faire son bouffon. Ainsi soit-il ! »

En 1863, Tom Pouce voulant mettre le comble à sa célébrité, monta sur les planches et remplit à la Gaîté le rôle du Petit-Poucet.

Retourné en Angleterre, l'année suivante, il s'y maria avec une des sœurs Warren, également naine. Nous avons vu plus haut qu'il eut un enfant qu'il perdit bientôt.

Tom Pouce alla ensuite vivre en Amérique et y vient de mourir (juillet 1883).

Mais nous ne pouvons quitter Tom Pouce sans rapporter une anecdote que Garnier[1] dit tenir d'un de nos plus éminents sculpteurs, qui plus que tout autre a le culte de la beauté de la forme et qui riait beaucoup à l'idée que ce nain pouvait se *dilater* à volonté.

« Tout en consacrant ses soirées au théâtre, Tom Pouce se faisait voir le jour, à son domicile ; il était logé dans une maison meublée du boulevard des Italiens où le célèbre chanteur Lablache avait également son appartement. Or Lablache était un homme d'une taille colossale, presqu'un géant. Un matin, des Anglais de passage à Paris

---

1. Garnier, ouvr. cet. p. 249

curieux de voir le nain qui avait excité un si grand enthousiasme parmi leurs compatriotes montent dans sa maison, se trompent d'étage et sonnent chez Lablache qui faisait sa toilette et qui vient en robe de chambre, ouvrir lui-même sa porte :

« Le général Tom Pouce ?

« C'est moi » répond froidement Lablache.

Stupéfaction profonde des étrangers qui regardent leur interlocuteur d'un air effaré.

« Je comprends ce qui vous étonne, dit le colosse.... Mais c'est que, quand je n'attends personne je me mets à mon aise. »

Puis vinrent le prince et la princesse *Colibri*, dont on parvenait à dissimuler les jambes torses sous de riches accoutrements.

La princesse *Félicie* assez gentille, mais microcéphale, dansait, sautait, faisait plusieurs exercices, qui, il faut le reconnaître étaient purement automatiques et ressemblaient aux exercices fournis par des animaux bien dressés. Son allure rappelait absolument celle des Astecs, dont nous avons parlé plus haut.

Le général *Tiny*, âgé de 15 ans, doué d'une certaine gaîté, répondant assez volontiers aux questions qu'on lui pose, sans cesse en mouvement mais, malgré toute notre bonne volonté, il nous a été impossible de trouver cette haute intelligence, que son cornac lui prête si gratuitement.

Les *Midgets ;* sous ce nom on exhibait l'an dernier deux nains ; l'un le général *Mite* né en 1864 à Greenc (Amérique) a beaucoup de ressemblance avec le fameux Bébé. A sa naissance, il ne pesait que deux livres : commença à marcher à quinze mois, à parler intelligemment à deux ans et cessa de croître à trois ans. Actuellement âgé de dix-neuf ans, il n'a que 22 pouces de hauteur, (63 cent. 8 millim.) et ne pèse que 9 livres. Il est d'un aspect assez agréable bien que la tête soit un peu forte, cause avec facilité, s'exprime dans un bon langage, mais c'est un véritable mouvement perpétuel, ne pouvant rester une minute à la même place. Les vêtements qui le couvrent empêchent de se prononcer sur sa conformation générale, et il est même impossible de le toucher. Cependant tout porte à croire que chez lui aussi il y a rachitisme latent. Il a six frères et quatre sœurs, tous d'une taille ordinaire. La mère est plutôt grande et a de très beaux traits.

Miss *Millie Edwards* est née en 1867 à Calaxamo (Amérique). Elle grandit jusqu'à 7 ans, atteignit son poids actuel (7 livres) et cessa de croître tout à coup, sans cause apparente. Elle mesure 20 pouces (54 cent.) de hauteur. Les mêmes réflexions s'appliquent à cette naine sous le rapport de la vivacité, du mouvement incessant, de la loquacité... Moins encore que chez son compagnon on ne peut voir son torse, ni ses membres inférieurs dissimulés sous une longue robe à queue. La famille est de haute et robuste stature, la mère est grande, bien conformée.

Longue serait la liste si nous voulions citer tous les nains connus ! Dans les lignes précédentes, nous n'avons rappelé que les plus célèbres, ceux qui eurent leur heure de gloire et de renommée, et *tous*, tant au physique qu'au moral nous ont présenté des caractères morbides nettement définis qui les classent sans conteste parmi les infortunés qui reçoivent aujourd'hui dans nos asiles les soins que réclame leur état et qui loin d'être un sujet perpétuel de raillerie et de moquerie, n'inspirent que la pitié la plus profonde, la commisération la plus grande.

Le rôle des nains se bornait donc le plus souvent près des princes à celui d'un être à part, d'un animal curieux mis au rang du singe ou du chien favori. Or, nous ne pouvons quitter ce chapitre sans rappeler que de nos jours les nains en titre d'office existent encore dans certaines contrées de l'Orient.

NAINS EN ORIENT

Sans avoir besoin de remonter bien loin, en 1835, sir Grenville Temple raconte qu'un person-

nage extraordinaire lui fut présenté à son voyage
à Tunis : « c'était un nain nommé *Aboo Zadeck*,
haut d'un peu moins de trois pieds (environ 0^{m}91,
mesure anglaise). Il ne faut pas cependant s'imaginer que sa courte stature soit due à son jeune
âge ; il a bel et bien quarante-cinq ans et est le
chef d'une très jolie famille composée de quatre
fils, de deux filles et de son épouse qui est, dit-on,
extrêmement belle. Sidi Mustapha, pendant un de
ses voyages, l'avait vu et amené avec lui à Tunis
où on lui donna un train magnifique, de superbes
habits et où il fait actuellement l'amusement et
les délices de la Cour. On le cache parfois dans
une de ces boîtes qui renferment les confitures et
les friandises qui sont expédiées de Constantinople à Tunis et, lorsque des visiteurs arrivent, le
frère du Bey a coutume de leur dire qu'il vient de
recevoir en présent d'excellentes dragées en les
priant d'ouvrir la boîte et d'en prendre quelques-unes : a peine ont-ils touché au couvercle que
Aboo Zadeck s'élance dehors, au grand effroi des
pauvres mystifiés, qui ne cessent de répéter avec
terreur, Wallah ! Wallah ! Allah ! Allah ! »

« Ces monstres, dit Th. Gautier [1], ces monstres à figures de gnômes et de Kobold ont à peine
quatre pieds et demie de haut et tiendraient honorablement leur place à côté de Perkée, le nain de

---

1. *Th. Gautier*. Constantinople, 1854.

l'électeur Ch. Philippe, de Bébé, le nain du roi de Pologne, de Mariborbola et de Nicolascio Pertinato, le nain de Philippe IV, de Tom-Pouce, le nain gentleman ; ils sont grotesquement hideux : la folie ricane sur leur lèvres épaisses, car l'emploi de fou et de nain se confondent volontiers. Le suprême pouvoir a toujours aimé cette antithèse de la suprême abjection. Un fou contrefait, jouant avec les grelots de sa marotte sur les marches du trône est un contraste dont les rois du moyen âge ne se faisaient pas faute. Ce n'est pas le cas en Turquie où les fous sont vénérés comme des saints, mais il est toujours agréable, quand on est un radieux sultan d'avoir près de soi un espèce de singe humain qui fait ressortir vos splendeurs.... L'emploi de nain n'est pas tombé en Turquie : il y est toujours tenu avec honneur...

Le nain du sultan Abdul-Medjid est trapu, obèse, à figure féroce, vêtu en pacha, qui remplit auprès de son maître l'office des fous à la cour des rois du moyen âge. Ce nain, que P. Véronèse eut placé un perroquet au poing, habillé d'un surcot mi-partie, ou jouant avec un lévrier, dans un de ses repas, était hissé, sans doute par contraste, sur le dos d'un grand cheval que ses jambes cagneuses embrassaient avec peine. »

D'autres voyageurs, non moins dignes de foi, font également mention de la présence de nains près des familles riches de la Russie et de la Pologne.

M. Tissot, à qui la littérature est redevable d'ouvrages remarquables et si profonds sur les mœurs des différents peuples contemporains, rapporte le fait suivant : Voyageant dans la Petite Russie, il est reçu dans un château... « Le comte, en robe de chambre de soie, sa chemise russe sans col, boutonnée vers l'épaule droite, était renversé dans un fauteuil et lisait la *Revue des Deux Mondes*. Il avait à ses côtés un petit être grotesque et contrefait, espèce de Triboulet et de nain, uniquement chargé de lui nouer sa cravate (il montait pour cela sur la table), de confectionner ses cigarettes, et d'allumer celle que son maître daignait choisir pour porter à ses lèvres [1]... »

Speke et Grant, dans la relation de leur voyage [2] en Afrique, reçurent un jour la visite d'un nain difforme, bouffon du roi Kamrasi, que celui-ci envoya aux voyageurs pour les distraire. « C'est un malheureux vieillard, d'un mètre de haut, qui s'est présenté gravement devant nous

1. *Tissot*, La Russie et les Russes. Paris, 1882.
2. *Les sources du Nil*, journal de voyages du capitaine John Hanning Speke, trad. franc. par E. D. Forgue.

tenant un bâton plus haut que lui. Après un Salaam respectueux, il s'est levé tout à coup sans y être invité le moins du monde, pour danser, chanter, faire toutes sortes de grimaces et de gestes bizarres, le tout couronné par cette déclaration : « Tel que vous me voyez, je suis fort pauvre et je manque de *simbi* (coquilles-cauries) j'en voudrais cinq cents : mais si cela vous gêne, je me contenterai de quatre cents. »

« Puis il nous raconta sa vie et comment il a perdu coup sur coup, deux femmes que Kamrasi lui avait données. Une troisième a été refusée par lui, attendu qu'elle était trop petite et trop laide. « Je ne voyais pas, ajoute-t-il, la nécessité de perpétuer une race de pygmées. » Bombay le renvoya avec cinquante cauries en chapelet pendu à son cou. »

Dans les pages précédentes nous avons vu Schweinfurth et Cameron [1] rapporter des faits analogues : « Dans le pays du Manyouèma, un certain nombre de chefs accompagnés de leurs musiciens et de leurs porteurs d'armes vinrent nous voir. Deux d'entre eux amenaient chacun un nain muni d'une espèce de crécelle, et qui, tout en raclant son instrument, jetait au public le nom de son maître de la manière suivante : « Ohé! Moèné-Bouté, ohé! ohé! » Le nain de

---

1. *Across Africa*, par V. L. Caméron, Londres 1877.

Moèné-Bouté était couvert de pustules, avait les jambes tortues et était, sous tous les rapports, un être repoussant. Les musiciens jouaient d'un instrument appelé *marimba*, fait de deux rangées de gourdes de différentes grosseurs, fixées sur un chassis... Moèné-Bouté vint à moi par une série de glissades et de pas de danse qui ne lui permettaient guère d'avancer à raison de plus d'un mètre par minute et toutes les deux ou trois minutes, il s'arrêtait, tandis que son nain et des joueurs de marimba exaltaient sa puissance. »

Mais c'est assez nous arrêter sur les nains. Ce que nous avons dit prouve surabondamment que ces êtres grotesques et difformes, qui ont joui de tout temps d'une faveur aussi étrange qu'imméritée, le plus souvent, près des rois et des grands seigneurs, n'ont pas, de nos jours perdu tout leur prestige : ce n'est pas seulement dans les pays encore sauvages et inexplorés, mais même dans les contrées civilisées que nous les voyons jouer un certain rôle et tenir avec honneur le même emploi que leurs ancêtres.

En est-il de même de leurs confrères en « rachitisme » les géants ?

C'est ce que nous allons examiner.

GÉANTS.

PATAGONS

A l'État de race distincte, les géants n'existent pas, et si les écrivains des seizième et dix-septième siècles acceptaient sans contrôle et même avec une sorte de complaisance puérile les récits exagérés que leur faisaient sur les géants Patagons les compagnons de Magellan nous avons vu qu'ils niaient l'existence des races de nains.

Pourtant à voir la peine que Frézier prenait dans le dix-huitième siècle pour convaincre ses lecteurs [1], il y a lieu de supposer qu'on n'ajoutait pas une foi explicite à l'existence de ces prétendus géants. A l'appui de son dire il invoque le témoignage d'Antoine Pigafetta, à qui nous devons le journal du voyage de Magellan et qui assure que dans la baie Saint-Julien, les Espagnols virent plusieurs géants si hauts, qu'ils n'atteignaient pas à leur ceinture. Il cite aussi Bar-

---

1. Frézier, *Relation d'un voyage de la mer du Sud aux côtés du Chili et du Pérou fait pendant les années* 1712, 1714, 1716. Seconde édition 1732.

thélemy Léonard d'Arginsola, qui au 1ᵉʳ livre de son histoire de la conquête des Moluques, dit que le même Magellan vit dans le détroit qui porte son nom, des géants ayant plus de dix de nos pieds, et au 3° livre revenant sur le même sujet, prétend que l'équipage des vaisseaux de Sarmiento combattit avec des hommes qui avaient plus de trois varres ou trois mètres de haut. C'est quelque chose qu'une diminution d'un pied sur une première évaluation de cette nature ; aussi Frézier s'empresse-t-il de prendre sa revanche et et de revenir à son thème favori en s'armant du témoignage de Sébald de Werd, d'Olivier de Noort et de celui du Hollandais George Schouten, qui portent à plus de neuf pieds la hauteur de ces colosses. Le premier pour donner apparemment un plus grand air de vérité à son assertion, prétend que ces Indiens épouvantés par le feu de la mousqueterie et ne sachant plus comment faire pour se garantir de ses effets meurtriers, arrachaient des arbres pour se mettre à couvert.

Quant à Schouten, dont le témoignage en qualité de chirurgien ne serait pas à dédaigner, s'il n'avait parfois fait preuve d'une trop grande crédulité, son observation est fondée sur des ossements trouvés sous des tas de pierres, qui avaient attiré l'attention de l'équipage du navire à l'ancre dans le port Désiré. Malheureusement ces débris n'étaient que des os d'un Mastodonte particulier à l'Amérique.

Dom Pernetty, qui a écrit après Frézier, donne du voyage du commodore Byron autour du monde, en 1764 et 1765 un extrait non moins curieux à ce sujet :

« Le 22 décembre 1764, dit-il, les Anglais étant dans le détroit de Magellan, à cinq lieues de la terre de feu, découvrirent de la fumée qui s'élevait de différents endroits sur la côte des Patagons. Ils s'en approchèrent, jetèrent l'ancre à environ un mille de la côte, et y virent distinctement des hommes à cheval qui leurs faisaient des signes avec leurs mains. En approchant de la terre, des marques sensibles de frayeur se manifestèrent sur le visage de ceux qui y allaient aborder dans le canot, lorsqu'ils aperçurent sur le rivage des hommes d'une grandeur prodigieuse. Le commodore Byron excité par l'idée de faire une découverte au sujet de ces patagons dont l'existence était depuis longtemps en Angleterre un sujet de conversation, sauta le premier à terre, et fut suivi par les officiers et les matelots bien armés et s'y mit en état de défense. Alors les sauvages accoururent à eux au nombre de deux cents environ, les regardant avec l'air de la plus grande surprise, et souriant, en observant la disproportion de la taille des Anglais avec la leur. Le commodore leur ayant fait signe de s'asseoir ils le firent ; alors il leur passa au cou des colliers de grain d'émail et des rubans, et distribua à chacun un de ces colifichets. Leur grandeur est si extraordinaire, que, *même assis, ils étaient encore presque aussi hauts que le commodore debout.* (Byron avait un mètre quatre-vingt-trois centimètres) *leur taille moyenne lui parut être d'environ huit pieds.* (deux mètres soixante-six centimètres) et la plus haute de neuf pieds (trois mètres) et davantage ».

Pernetty remarque qu'au dire même des Anglais, ceux-ci n'avaient employé aucune mesure pour s'assurer de la justesse de leur évaluation : mais il accepte comme bonne et valable l'assurance qu'ils donnent d'avoir plutôt diminué qu'exagéré la grandeur indiquée par eux. Il ajoute ensuite, toujours d'après les mêmes témoins, que la taille des femmes est aussi étonnante que celle des hommes, et que les enfants étaient dans la même proportion ; et il termine par ce trait qui nous semblerait une hablerie de touriste, si le grave et savant bénédictin n'en avait pris en quelque sorte la responsabilité en le racontant sérieusement:

« Parmi les Anglais était le lieutenant Cummins: les Patagons paraissaient surtout le voir avec plaisir à cause de sa grande taille qui était de six pieds dix pouces (deux mètres vingt-sept centimètres). Quelques-uns de ces Indiens lui frappèrent sur l'épaule, et quoique ce fut pour lui faire caresse, leurs mains tombaient avec tant de pesanteur, que tout son corps en était ébranlé ».

Banks, qui, deux ans plus tard, en 1716, accompagnait le capitaine Wallis dans son voyage autour du monde, renonçait pourtant au privilège si amplement exercé par ses prédécesseurs, et réduisait la taille des Patagons à des proportions beaucoup plus raisonnables. Le plus grand de ceux qu'il mesura n'avait, suivant lui, que six pieds sept pouces anglais (environ six de nos pieds) ; quelques autres six pieds cinq pouces, et le plus grand nombre de cinq pieds dix pouces à six pieds.

En résumé, et pour donner une idée des assertions contradictoires hasardées par les différents navigateurs sur ce problème si intéressant au point de vue physiologique, nous allons donner en quelques lignes le tableau de tous ces témoignages, en laissant de côté l'opinion des voyageurs qui ne se sont pas prononcés catégoriquement sur la question :

· En 1520, Magellan, suivant le chevalier Pigafetta, dit : *Notre tête touchait à peine à leur ceinture.*

En 1526, Loaysa, d'après son historien Oviedo, dit treize palmes.

En 1578, Drake affirme, au contraire, qu'il y a des Anglais plus grands que le plus haut Patagon.

En 1579, Sarmiento parle de géants de trois varres, ou environ neuf de nos pieds.

En 1592, Cavendish se borne à dire que les Patagons sont grands et robustes.

En 1593, Richard Hawkins parle de véritables géants.

En 1615, Lemaire et Shouten, d'après les ossements trouvés en Patagonie assurent que les habitants ont de dix à onze pieds de haut.

En 1670, Naborough et Wood, observateurs plus judicieux et plus dignes de foi, ne signalent qu'une taille moyenne.

En 1704, Carmon la porte à dix pieds français.

En 1745, les pères Cardiel et Quiroja confirment l'opinion de Garborough et de Wood.

En 1764, Byron donne le chiffre de sept pieds Anglais, c'est-à-dire, six pieds sept pouces français environ.

En 1766, Duclos-Guyot et La Giraudais donnent aux plus petits Patagons cinq pieds sept pouces français.

En 1767, Bougainville renchérit sur cette évaluation et va jusqu'à cinq pieds dix pouces pour les plus petits.

Commerson, son compagnon de voyage, leur donne de cinq pieds huit pouces à dix pieds quatre pouces (mesure française). La même année Wallis et Carteret assurent qu'ayant mesuré un des plus grands Patagons, ils trouvèrent six pieds six pouces ; mais que le plus grand nombre n'avait que cinq pieds dix pouces à six pieds, c'est-à-dire, en moyenne environ cinq pieds cinq pouces français.

La même année encore, le jésuite Falkner affirme que les Indiens ont rarement sept pieds anglais de haut, et que la plupart n'en ont que six, c'est-à-dire moins de six pieds français.

En 1820, M. Gautier, armateur de baleinières ne parle que de six pieds français.

Ce conflit d'opinions avait laissé le problème de la taille de ce peuple dans la plus grande incertitude : Aujourd'hui il est difinitivement résolu : D'Orbigny qui a vu un grand nombre de Patagons de différentes localités,[1] a fixé la taille des plus grands à cinq pieds onze pouces et la moyenne à cinq pieds quatre pouces.

Cette appréciation est confirmée par le témoignage du capitaine King, dont les travaux sur toute l'extrémité de l'Amérique du sud méritent une entière confiance et qui voyageait en même

---

1. Alcide D'Orbigny, *l'homme américain considéré sous les rapports physiologiques et moraux.* Paris et Strasbourg 1839.

temps que notre savant et illustre compatriote.

Des travaux récents viennent également corroborer cette opinion.

Ainsi, il est constaté, une fois pour toutes, que les Patagons ne sont pas une race de géants dans la véritable acception du mot.

DES GÉANTS CONSIDÉRÉS COMME EXCEPTION.

Mais si les géants n'existent pas à l'état de race distincte, ils existent à l'état d'individus isolés, et les hommes de deux mètres passés de hauteur se rencontrent encore souvent.

Au point de vue pathologique, ces individus sont tous ou presque tous d'une complexion excessivement délicate, d'un tempérament lymphatique et d'une intelligence très bornée. Ils sont le plus souvent mal conformés et surtout mal proportionnés. Geoffroy Saint-Hilaire rapporte l'observation d'un jeune homme de vingt-deux ans, ayant plus de sept pieds, qu'il a examiné avec soin en 1824 et dont les mains étaient extraordinairement longues; il avait la voix faible, cassée, et ses yeux ne pouvaient qu'avec peine supporter une lumière un peu vive.

L'augmentation extrême du volume de leurs organes semble user rapidement chez eux les principes de la vie, et, comme le fait très justement observer Garnier, la plupart meurent jeunes et pour ainsi dire épuisés après avoir achevé leur énorme et rapide croissance, et, quelquesfois même avant de l'avoir terminée.

« Bien différents en cela des nains, dit encore Geoffroy Saint-Hilaire, ils sont sans activité, sans énergie, lents dans leurs mouvements, fuyant le travail, fatigués presqu'aussitôt occupés, en un mot faibles de corps aussi bien que d'esprit.

On comprend dès lors que les géants n'aient jamais été recherchés dans les cours à l'égal des nains. Cependant ils n'en étaient pas exclusivement bannis si l'on en croit le fait suivant rapporté par Guy Patin [1] : « A Vienne où l'on avait réuni des nains et des géants pour l'amusement de la cour impériale, les premiers, bien loin de céder et de se soumettre à leurs compagnons, ne craignaient pas de les provoquer par des moqueries, de les insulter, et de commencer ainsi des disputes dont l'issue semblait devoir être si redoutable pour eux. La querelle s'anima même un jour entre un géant et un nain au point que des injures on en vint aux voies de fait, et, nouveau David, ce fut le nain qui triompha de cet autre Goliath. »

Keyssler[2], rapporte un fait qui prouve également le peu de crainte que les géants inspiraient

---

1. Guy Patin, *Lettres*, nouvelle édition par Reveillé-Parise. Paris 1846, J. B. Baillière.
2. Keyssler, *Neueste Reisen durch Deutschland*, 1751.

aux nains quand le hasard les réunissait à la cour des princes.

« On conservait dans une des salles du château d'Ambras, à une lieue d'Innspruck, dans le Tyrol, une statuette en bois sculpté représentant un nain qui avait vécu à la cour de l'archiduc Ferdinand, et, près d'un des murs du même château, on voyait la figure, également en bois, d'un géant, nommé Aymon, qui faisait partie des gardes de ce prince.

« D'après ce que raconte Keyssler, le nain, voulant se venger des lourdes et incessantes railleries du géant qui le tournait en ridicule à cause de sa petite taille, pria le duc de laisser tomber un de ses gants quand il se mettrait à table et d'ordonner à Aymon de le lui ramasser : Il se glissa alors sous le siège de son maître et quand le géant se baissa pour prendre le gant, il lui appliqua sur la joue un violent soufflet au grand amusement des assistants et à la grande honte du malheureux Aymon qui ne put dévorer son affront et mourut de chagrin peu de temps après. »

D'après une autre version de ce même fait rapporté dans les *Aménités littéraires* (t. II p. 326,) le nain, qui avait menacé plusieurs fois le géant, à la grande hilarité de celui-ci, de lui donner un soufflet, le força à se baisser en lui dénouant, sans qu'il s'en aperçut, les cordons d'une de ses chaussures, et profita du moment où Aymon les rattachait sans défiance, pour mettre sa menace à exécution.

Néanmoins, la présence des géants à la cour des princes était un fait d'exception et si on les y prenait, c'était pour leur donner la place de portiers dans les palais ainsi qu'on le vit sous les règnes de Jacques I et Charles I, de Cromwell... etc.

Mais ces hommes gigantesques qui avaient déjà du succès en Angleterre, étaient encore plus estimés et plus recherchés en Allemagne où les souverains en faisaient des soldats. On connait surtout la garde du czar Pierre le grand et celle du roi de Prusse Frédéric-Guillaume I.

Plus qu'aucun autre souverain, Frédéric avait le goût des grands hommes... Voltaire, dans les mémoires écrits par lui-même pour servir à l'histoire de sa vie, après avoir décrit le costume du roi nous apprend que « sa majesté armée d'une grosse canne de sergent, faisait tous les jours la revue de son régiment de géants.

« Le régiment était son goût favori et sa plus grande dépense. Le premier rang de sa compagnie était composé d'hommes dont le plus petit avait sept pieds de haut (2^m 268.) Il les faisait acheter aux bouts de l'Europe et de l'Asie. J'en vis encore quelques-uns après sa mort. Le roi, son fils, Frédéric II, qui aimait les beaux hommes et non les grands hommes, avait mis ceux-ci chez la reine sa femme en qualité d'heiduques. Je me souviens qu'ils accompagnaient un vieux carrosse de parade qu'on envoya au devant du marquis de Beauvau, qui vint complimenter le nouveau roi au mois de novembre 1740. Le feu roi Frédéric-Guillaume, qui avait autrefois fait vendre tous les meubles magnifiques de son père n'avait pu se défaire de cet énorme carrosse dédoré. Les heiduques qui étaient aux portières pour le soutenir en cas qu'il tombât, se donnaient la main pardessus l'impériale. »

Connaissant son goût pour les grands hommes, « presque tous les souverains de l'Europe, dit le baron Poellnetz dans ses mémoires, lui envoyaient des hommes extraordinaires par leur taille, mais il s'en procurait, outre cela, à prix d'argent, et dans le nombre de ces derniers, il en a eu qui lui ont coûté jusqu'à quinze cent écus d'engagement et jusqu'à deux florins de haute paye par jour ; d'où il est résulté que ce bataillon lui coûtait autant que six régiments ».

De nos jours, en France, n'avons-nous pas tous connu des régiment de géants ? qui ne se rappelle les régiments de Carabiniers ? le corps des cent-gardes ? les tambours-majors ?

En Russie, le corps dit « *Compagnie de l'empereur* » comprend des soldats d'une taille gigantesque et lors des cérémonies du couronnement de l'Empereur actuel, on admirait surtout le premier sergent dont la taille mesurait (2ᵐ 15.) [1]. »

Nous ne pouvons quitter ce chapitre, sans rappeler que certains auteurs ont prétendu que par une nourriture spéciale, par des soins appropriés, on pouvait arriver à *fabriquer* des géants de même qu'autrefois on fabriquait des nains. Geoffroy Saint-Hilaire cite à ce propos l'observation suivante :

« Le célèbre évêque Berkeley, au rapport de Watkinson [2], voulut essayer s'il ne serait pas possible en élevant un jeune enfant suivant certains principes hygiéniques de le faire parvenir à une taille gigantesque et il tenta cette expérience aux dépens d'un pauvre orphelin nommé Mac-Grath, l'expérience réussit complétement — pour le philosophe — car le pauvre Mac-Grath, accablé au sortir de l'enfance de toutes les infirmités de la vieillesse, mourut à vingt ans, victime d'un essai que l'intention louable qui l'a dictée ne saurait faire pardonner à son auteur. Il avait sept pieds à seize ans et parvint à sept pieds huit pouces anglais (2ᵐ528). On ne sait rien de positif sur la méthode employée par Berkeley, qui mourut avant Mac-Grath : on croit qu'il employa surtout une

---

1. Garnier, ouv. cité.
2. *Philosophical survey of Tresand*, London, 1777, p. 187.

nourriture et des boissons mucilagineuses. » Son squelette est conservé au *Trinity collège de Dublin*.

On sait aussi, que dans le but de perpétuer une race de géants, Frédéric-Guillaume, se basant sur des données plus scientifiques, ne laissait échapper aucune occasion de marier les géants de sa garde aux grandes femmes qu'il rencontrait. Tout le monde a présent à la mémoire cette anecdote si souvent citée de Dieudonné Thiébault :

« Dans un voyage que le roi fit de Postdam à Berlin il aperçut une fille presque gigantesque, et d'ailleurs jeune, assez belle et très bien faite ; il en fut frappé il fit approcher cette fille, et apprit d'elle-même qu'elle était Saxonne, non mariée, qu'elle était venue pour affaires, au marché de Berlin et qu'elle allait s'en retourner. « En ce cas, dit Guillaume, tu passes devant la porte de Postdam ; et si je te donne un billet pour le commandant, tu pourras le remettre sans te détourner. Charge-toi de ce billet que je vais écrire : promets moi que tu le donneras toi-même au commandant, et tu garderas pour ta peine cet écu. » La fille, qui connaissait le caractère de ce roi promit tout ce qu'il voulut : le billet fut écrit, cacheté et remis avec l'écu.

Mais la Saxonne, inquiète du sort qui l'attendait, n'entra pas dans Postdam. Elle trouva près de la porte une pauvre femme petite et vieille, à laquelle elle remit le billet et l'écu, lui recommandant bien de faire la commission sans délai, l'avertissant que c'était de la part du roi et qu'il s'agissait de choses importantes et pressées. Ensuite notre grande et jeune héroïne continua sa route, faisant, comme on peut le penser, la plus grande diligence. La vieille, de son côté, se hâta d'arriver chez le commandant qui ouvre le billet de son maître et y trouve l'ordre très précis de faire sur le champ, épouser le commissionnaire à tel grenadier, qui y est nommé. La pauvre vieille, veuve depuis longtemps, fut très surprise de ce résultat, mais elle se soumit aux ordres de Sa Majesté ; tandis qu'il fallut employer l'autorité, les menaces et les promesses les plus flatteuses pour vaincre la répugnance extrême et calmer le désespoir du soldat. Ce ne fut que le lendemain que Guillaume, venu à Postdam pour admirer le couple brillant qu'il avait fait marier, sut qu'il avait été joué et que son soldat était inconsolable de ce malheur : il ne resta au roi d'autre ressource que d'ordonner le divorce entre ces deux époux : »

En dehors de l'emploi de géants comme soldats spéciaux, comme gardes du corps, on ne rencontre que des individus isolés, qui n'avaient d'autre ressource que de se donner en spectacle à la curiosité du public : et encore la liste de ces

« merveilles de la nature » est-elle peu chargée. On n'a pour s'en convaincre qu'à se reporter à l'ouvrage que nous avons eu déjà l'occasion de citer à plusieurs reprises, au livre de M. Garnier : On y trouvera réuni les noms de tous les géants et géantes qui ont eu leur heure de célébrité.

Après les généralités que nous avons données, nous n'insisterons pas sur ces êtres que leur taille, même indépendamment de toute autre cause, rendait peu aptes à remplir les fonctions de bouffons. Nous avons dû cependant les signaler à côté des nains, car malgré une apparente contradiction ils appartiennent comme eux à la classe des rachitiques, dont ils présentent tous les caractères physiques et parfois moraux.

BOUFFONS.

A côté des géants et des nains on voyait les bouffons, hauts et puissants seigneurs dans le domaine de la folie, qui plus d'une fois surent amener les grands à composer avec eux.

Ainsi que nous l'avons fait pour les nains, nous passerons rapidement en revue ceux qui ont laissé un nom dans l'histoire ou dont les poëtes et les écrivains se sont emparés pour en faire les héros de leurs romans.

Pour montrer quelles étaient dans leur ensemble, la nature, les facultés intellectuelles, morales et affectives des « fous en titre d'office », et étayer par leur histoire l'opinion que nous avons formulée dans les premières pages de ce travail, à savoir que fous et bouffons n'étaient que des pauvres imbéciles, de malheureux rachitiques, quelques exemples nous suffiront amplement pour atteindre ce but, car tous ces êtres, à peu d'exception près se ressemblent en tout et pour tout. C'est donc volontairement que nous commettrons des omissions et comme nous l'avons dit, nous engagerons les lecteurs curieux de renseignements plus complets à se reporter aux ouvrages si curieusement anecdotiques que nous avons signalés précédemment.

Antiquité

L'usage d'avoir des « fous, » c'est-à-dire des êtres d'aspect étrange, chargés d'égayer et de faire rire, a toujours existé, de mémoire d'homme, car on trouve la trace même chez les habitants des cieux !

« Pourquoi, dit Erasme [1] Bacchus a-t-il toujours été cet éphèbe à la longue chevelure ! parce que toujours fou, toujours ivre, toujours au milieu des banquets, des danses, des chansons et des fêtes, il n'a jamais eu commerce avec Pallas. Il serait si fâché de passer pour sage, qu'il ne veut être honoré que par des jeux et des réjouissances: Il ne s'offense même pas du surnom de *bouffon* qui lui donne un proverbe grec, qui le dit, plus fou qu'une tête barbouillée de lie... Et plus loin: « Débarrassés de cet importun (Momus) les immortels menèrent joyeuse vie et se laissèrent aller à la pente, comme dit Homère, sans crainte des censeurs.... Que d'espièglerie dans les vols et les

---

1. Evasme, *Eloge de la folie*.

tours de Mercure ! N'est-ce pas grâce à Vulcain, à son allure baroque, à ses balourdises et à ses quiproquos, que les dieux ébranlent par leurs rires la salle de leurs festins? Silène, ce vieil amoureux, ne danse-t-il pas la *cordax* et Polyphème ne se trémousse t-il pas lourdement, tandis que les nymphes effleurent à peine la terre de leurs pieds? Les satyres aux pieds de chèvre figurent les impudiques Atellanes; Pan, avec ses chansons bien bêtes, fait rire tout le monde, car on préfère Pan aux muses, surtout quand le nectar échauffe les cerveaux divins ! »

Mais comme le dit Homère, laissons les plaines éthérées et revenons sur la terre :

Les plus anciennes traditions de l'Inde, ce berceau de l'humanité et des religions auquel il faut toujours se reporter pour connaître l'origine des choses de ce monde, fait mention de l'existence des bouffons à la cour des princes indiens. L'Épopée « Ramayana, » œuvre du poète Valmiky, ou plutôt de plusieurs poëtes de la même école, où sont racontées les aventures de Rama et de son épouse Sita, parle dans plusieurs passages de gens chargés d'égayer, de bouffons. De l'Asie, cette coutume passa chez les Perses et en Égypte où même ils ont été divinisés [1].

---

[1]. De nos jours encore, chez les peuples d'Orient, la folie est généralement regardée comme un mal sacré, *morbus sacer*.

Au musée Egyptien du Louvre, on peut voir le portrait du dieu Bes ou Bas : originaire de la Chaldée ; il a été importé de la Phénicie. Sur les tombeaux, où il figure, il est gros, à jambes courtes, à nez épaté : c'est une véritable caricature ayant bien l'expression grotesque que les artistes ont coutume de donner aux bouffons.

De l'Orient, l'usage passa en Grèce et de là à Rome. C'est aux heures des repas que ces bouffons apparaissaient, pour égayer les convives. Il n'y avait pas de banquet complet sans quelques conteurs de facéties burlesques. « Après les danseurs, nous dit M. Gazeau, les faiseurs de tours, les singes savants, les joueuses de cerceau, les *cubistetères* qui marchaient la tête en bas, les pieds en l'air, venaient les bouffons, γελωτοποιοι, hommes qui font rire dans la société.

Cette coutume persista à travers les âges, ainsi que nous l'apprend Erasme «... «J'affirme, dit-il, qu'un festin sera franchement insipide, s'il lui manque l'assaisonnement de la folie. Je n'en veux

Elle est envoyée aux humains par la divinité, ou par quelque bon ou mauvais génie. Tant qu'un aliéné est inoffensif, les musulmans le vénèrent et le chérissent comme un favori d'Allah : s'il est furieux, c'est un mauvais génie qui l'agite et le possède : ils le respectent encore, mais ils songent à se mettre à l'abri de ses fureurs. Les idiots, les imbéciles ont la plus large part dans leur vénération et leurs hommages respectueux dont l'intensité est, comme on le voit, en raison directe de la dégradation qui pèse sur l'intelligence d'un individu.

d'autre preuve que celle-ci : Si parmi les convives il ne s'en rencontre pas au moins un capable de les mettre en gaieté, par sa folie native ou artificielle, on payera quelque bouffon ou bien on attirera quelque parasite ridicule qui sache chasser le silence et la tristesse loin des buveurs, à force de balourdises désopilantes ! Quoi ! toujours se farcir l'estomac des plus fins morceaux et de friandises de toute espèce, et les yeux, les oreilles, ne prendraient pas part à la fête ! Et les rires, les jeux, les plaisanteries n'auraient pas de place au festin ! Je ne puis souffrir une telle lacune, c'est pourquoi j'apprête un autre genre de service. Toutes ces joyeuses cérémonies qu'on célèbre autour de la table, sont-ce les sept Sages de la Grèce qui les ont inventées? Sont-ce eux qui vous ont montré à tirer au sort le roi du festin, à jouer aux dés, à porter des santés, à chanter et à boire à la ronde, à danser et vous ébaudir ? Non, vraiment, c'est encore moi qui les trouvai pour le salut du genre humain. La vie est ainsi faite, que plus on y met de folie, plus on vit : la tristesse, c'est la mort. Sans les plaisirs que je procure, je le répète, rien d'aussi pénible que l'existence, elle ne saurait échapper à l'ennui, son trop fidèle suivant... ».

Cette coutume d'avoir des individus dont la mission spéciale et exclusive était d'amuser entra tellement dans les mœurs romaines que nous voyons les plus illustres citoyens de la grande République s'entourer de bouffons, s'en faire même une société et imiter leurs débauches et leur libertinage. Il suffit de rappeler les orgies de Sylla et d'Antoine, qui après la seconde bataille de Philippes, entrait dans les villes avec toute une troupe de farceurs asiatiques qui surpassaient en bouffonneries et en plaisanteries grossières les gens de même espèce qu'il avait amenés d'Italie [1].

Les noms de quelques-uns de ces bouffons nous ont été conservés: mais aucune n'égale en renommée Ésope le Phrygien, que Lucien et Planude n'ont pas craint de faire rentrer dans la catégorie de ces individus.

ÉSOPE LE PHRYGIEN

Ésope le Phrygien vivait environ 200 ans avant la fondation de Rome. On ne saurait dire s'il eut sujet de remercier la nature ou bien de se plaindre d'elle, car en le douant d'un très bel esprit, elle le fit naître difforme et laid de visage, ayant à peine figure d'homme, jusqu'à lui refuser presque entièrement l'usage de la parole. Avec ces défauts, quand il n'aurait pas été de condition à être

---

1. Plutarque. Vie des hommes illustres.

esclave, il ne pouvait manquer de le devenir. Il était déjà en service, quand un jour s'étant endormi de lassitude, il se réveilla la langue libre et pouvant prononcer nettement tous les mots. Cette merveille fut cause qu'il changea de maître. Il fut acheté par un marchand qui voulait se défaire d'un chantre et d'un grammairien. Quelques acheteurs se présentèrent, entre autres un philosophe nommé Xantus : il demanda au grammairien et au chantre ce qu'ils savaient faire : Tout, reprennent-ils. Cela fit rire Ésope, on peut s'imaginer de quel air. Planude rapporte qu'il s'en fallut peu qu'on ne prit la fuite tant il fit une si effroyable grimace. Xantus n'ayant pu faire affaire, ses disciples lui conseillèrent d'acheter ce petit bout d'homme qui avait ri de bonne grâce : « On en ferait un épouvantail, il divertirait les gens par sa mine. » Xantus se laissa persuader et prit Ésope pour 60 oboles. Xantus avait une femme d'un goût assez délicat et à qui toutes sortes de gens ne plaisaient point, si bien que de lui aller présenter son nouvel esclave sérieusement, il n'y avait pas à y songer, à moins qu'il ne la voulut mettre en colère et se faire moquer de lui. Il jugea plus à propos d'en faire un sujet de plaisanterie et alla dire au logis qu'il venait d'acheter un jeune esclave, le plus beau du monde et le mieux fait. Sur cette nouvelle, les filles qui servaient sa femme se pensèrent battre à qui l'aurait pour serviteur ; mais elles furent bien étonnées quand ce personnage parut. L'une se mit la main devant les yeux, l'autre s'enfuit, l'autre jeta un cri... La maîtresse dit que c'était pour la chasser qu'on lui amenait un tel monstre... Mais Ésope fit tant par son esprit que les choses se raccommodèrent.

Ésope cependant, doit être plutôt considéré comme un *morosophe*, c'est-à-dire un fou sage débitant des sentences morales : Nous n'en voulons pour preuve que l'anecdote suivante que chacun a présente à la mémoire :

« Un certain jour de marché Xantus, qui avait dessein de régaler quelques-uns de ses amis, lui commanda d'acheter ce qu'il y aurait de meilleur et rien autre chose. » Je t'apprendrai, dit en soi-même le Phrygien, à spécifier ce que tu souhaites, sans t'en remettre à la discrétion d'un esclave. Il n'acheta donc que des langues, lesquelles il fit accommoder à toutes les sauces. Les convives louèrent d'abord le choix de ce mets ; à la fin ils s'en dégoutèrent : Ne t'ai-je pas commandé, dit Xantus, d'acheter ce qu'il y aurait de meilleur ? — Et ! qu'y a-t-il de meilleur que la langue, reprit Esope ? c'est le lien de la vie civile, la clef des sciences, l'organe de la vérité, et de la raison : par elle on bâtit les villes et on les police ; on instruit, on persuade, on règne dans les assemblées, on s'acquitte du premier de tous les devoirs qui est de louer les dieux — Eh bien, dit Xantus, qui prétendait l'attraper, achète demain ce qui est de pire : ces mêmes personnes viendront chez moi et je veux diversifier.

Le lendemain, Esope ne fit encore servir que le même mets, disant que la langue est la pire chose qui soit au monde : c'est la mère de tous les débats, la nourrice des procès, la source des divisions et des guerres. Si on dit qu'elle est l'organe de la vérité, c'est aussi celui de l'erreur, et, qui pis est, de la calomnie. Par elle on détruit les villes, on persuade de méchantes choses. Si d'un côté elle loue les dieux, de l'autre elle profère des blasphèmes contre leur puissance. Quelqu'un de la compagnie dit à Xantus que véritablement ce valet lui était fort utile, car il savait le mieux du monde exercer la patience d'un philosophe.

Mais ce n'était pas seulement avec son maître qu'Esope trouvait occasion de rire et de dire de bons mots. Xantus l'avait envoyé en certain endroit : il rencontra en chemin le magistrat, qui lui demanda où il allait : soit qu'Esope fut distrait, soit pour une autre raison, il répondit qu'il n'en savait rien. Le magistrat, tenant à mépris et irrévérence cette réponse, le fit mener en prison. Comme les huissiers le conduisaient : ne voyez-vous pas, dit-il, que j'ai très bien répondu ? Savais-je qu'on me ferait aller où je vas ? Le magistrat le fit relâcher, et trouva Xantus heureux d'avoir un esclave si plein d'esprit.

Xantus, de sa part, voyait par là de quelle importance il lui était de ne point affranchir Esope, et combien la possession d'un tel esclave lui faisait d'honneur. Même un jour faisant la débauche avec ses disciples, Esope, qui les servait, vit que les fumées leur échauffaient déjà le cerveau, aussi bien au maître qu'aux écoliers. La débauche de vin, leur dit-il, a trois degrés : le premier de volupté, le second d'ivrognerie, le troisième de fureur. On se moqua de son observation et on continua de vider les pots. Xantus s'en donna jusqu'à perdre la raison, et à se vanter qu'il boirait la mer. Cela fit rire, la compagnie. Xantus soutint ce qu'il avait dit, gagea sa maison qu'il boirait la mer tout entière : et pour assurance de la gageure, il déposa l'anneau qu'il avait au doigt.

Le jour suivant, que les vapeurs de Bacchus furent dissipées, Xantus fut extrêmement surpris de ne plus trouver son anneau, lequel il tenait fort cher. Esope lui dit qu'il était perdu, et que sa maison l'était aussi par la gageure qu'il avait faite : Voilà le philosophe bien alarmé : il pria Esope de lui enseigner une défaite : Esope s'avisa de celle-ci : quand le jour que l'on avait pris pour l'exécution de la gageure fut arrivé, tout le peuple de Samos accourut au rivage de la mer pour être témoin de la honte du philosophe, celui de ses disciples qui avait gagé contre lui triomphait déjà : Xantus dit à l'assemblée : « Messieurs, j'ai gagé véritablement que je boirais toute la mer, mais non pas les fleuves qui entraient dedans :

C'est pourquoi, que celui qui a gagé contre moi détourne leur cours, et puis je ferai ce que je me suis vanté de faire. » Chacun admira l'expédient que Xantus avait trouvé pour sortir à son honneur d'un si mauvais pas. Le disciple confessa qu'il était vaincu, et demanda pardon à son maître. Xantus fut reconduit jusqu'à son logis avec acclamations.

Esope était donc, s'il faut en croire la tradition et la version la plus accréditée, un rachitique dans toute l'acception du mot, au physique comme au moral, et le roi des fabulistes, le créateur de l'apologue débuta par faire rire et servir de jouet à ses compagnons d'infortune puis à son maître, à qui il ne ménagea pas les plus terribles et les plus dures vérités.

Mais ses sarcasmes et ses railleries ne furent pas toujours écoutés sans déplaisir, et furent même cause de sa mort. L'envie de voir et d'apprendre le fit renoncer au repos et aux honneurs qu'il goûtait à la cour de Lycérius, et voulut voir la Grèce encore une fois. Entre les villes où il s'arrêta, Delphes fut une des principales. Les Delphiens l'écoutèrent fort volontiers, mais il ne lui rendirent point d'honneurs. Ésope, piqué de ces mépris, les compara aux bâtons qui flottent sur l'onde : on s'imagine de loin que c'est quelque chose de considérable : de près on trouve que ce n'est rien. La comparaison lui coûta cher. Les Delphiens en conçurent une telle haine et un si violent désir de vengeance, outre qu'ils craignaient d'être décriés par lui, qu'ils résolurent de l'ôter du monde. Pour y parvenir, ils cachèrent parmi ses hardes un de leurs vases sacrés, prétendant que par ce moyen ils convaincraient Ésope de vol et de sacrilège et qu'ils le condamneraient à la mort.

Dès qu'il fut sorti de Delphes et qu'il eut pris le chemin de la Phocide, les Delphiens accoururent comme gens qui étaient en peine. Ils l'accusèrent d'avoir dérobé leur vase : Ésope le nia avec des serments : on chercha dans son équipage et il fut trouvé. Tout ce qu'Ésope put dire n'empêcha point qu'on le traitât comme un criminel infâme ; il fut ramené à Delphes chargé de fers, mis dans des cachots, puis condamné à être précipité, sentence qui reçut son exécution.

BOUFFONS A ROME

A Rome, nous l'avons vu, les nains étaient en

honneur et jouaient un grand rôle dans les amusements des grands. Mais à côté des nains il y avait des *fous* proprement dits, et mêmes des *folles*, dont les fonctions étaient les mêmes, faire rire et égayer les autres. Comme les fous, elles appartenaient à la catégorie des imbéciles, des rachitiques...

Dans une lettre adressée à Lucilius [1], Senèque nous dit : « Tu sais que Harpaste, la *folle de ma femme*, est demeurée chez moy par charge héréditaire : car de mon goust, je suis ennemy de ces monstres : et si ay envie de rire d'un fol, il ne me le fault chercher guères loing, je ris de moy-même. Cette folle a subitement perdu la veue. Je te récite chose estrange, mais véritable : Elle ne sent point qu'elle soit aveugle et presse son gouverneur de l'emmener parce qu'elle dict que ma maison est obscure... »

Alors que tous s'inclinaient et tremblaient devant la toute-puissance cruelle et sans bornes des empereurs, ces êtres, pour qui la nature s'était montrée si avare de ses dons, avaient leur franc parler.

... «... La plaisanterie d'un de ces individus que les dames romaines entretenaient pour leur divertissement, fit rire l'assemblée. Les invités étant rangés à table, cet individu fit remarquer

---

1. Epist. 50, in Montaigne, VII, p. 139.

que Livie était assise auprès d'Auguste et Tibère, Néron, au contraire, auprès d'un des invités, de l'autre côté de la table. — Est-ce là votre place ? Madame ? lui dit brusquement cet être ? Ne devriez-vous pas être auprès de votre mari ? — ajouta-t-il, en lui montrant Néron ?

Cette saillie divertit la compagnie une bonne partie du repas, après lequel Auguste emmena Livie chez lui [1].

Moyen âge

FRANCE

— Les premiers siècles de l'ère chrétienne restent dans l'obscurité presque absolue sur la vie des rois et des hauts personnages. La grande lutte entre l'empire romain et les peuples barbares attirait toute l'attention et c'est à peine si les légendes laissent des traces de la vie domestique. Cependant la coutume n'en était pas perdue et ce fut surtout après le IXe siècle qu'on vit le plus de bouffons à gages.

Ils témoignaient souvent à leurs maîtres la plus entière fidélité comme ce fou dont parle le *Roman du Rou* [2] qui sauva son seigneur, Guillaume le

---

1. Dyon. lib. 46, in Serviez, Les Impératrices Romaines. ou Histoire de la vie et des intrigues secrètes des femmes des douze Césars, de celles des Empereurs.

2. Roman du Rou, Edit. Duquet, Rouen, 1827.

Bastard, duc de Normandie menacé en 1047 par un complot de quelques barons mécontents.

Sans vouloir faire remonter comme Dreux du Radier [1], l'institution des bouffons au règne de Charlemagne, parce que le jeu d'échecs où deux fous accompagnent le roi était connu à cette époque [2], il est certain qu'alors déjà il y avait des baladins et des bouffons à la cour du grand empereur. Il y eut aussi des bouffons dans le palais de Louis le Pieux, il y en eut également sous les règnes qui suivirent, puisque nous voyons Philippe-Auguste en 1181 les chasser de sa cour parce qu'il trouvait que leur conduite était peu recommandable. Mais la charge de bouffon, érigée en titre d'office particulier et payée sur les fonds des plaisirs royaux, n'apparaît guère qu'au commencement du XIVe siècle avec un certain Geoffroy, fou de Philippe V le Long, qui est cité dans les comptes de l'argenterie des rois de France [3].

1. Récréat. hist., critiq., morales et d'érudition. — Hist. des fous en titre d'office. Paris, 1767.
2. Le jeu des échecs dont on a voulu faire honneur à Palamède qui l'aurait inventé au siège de Troie, paraît plus vraisemblablement avoir été inventé dans l'Inde, vers le ve siècle, de notre ère. C'est de là qu'il se répandit rapidement dans la Chine, en Perse et s'introduisit en Europe.
3. Publiés par les soins de la Société de l'histoire de France. Paris 1851.

On connaît à Philippe de Valois un fou, qui eut la mission d'annoncer au roi le désastre de la bataille navale de l'Ecluse, au début de la guerre de cent ans, en 1340.

Rabelais, dans son chapitre intitulé : « Comment Pantagruel persuade à Panurge de prendre conseil de quelque fol, » raconte le jugement que prononça dans certaine circonstance *Seigni Joan*, fol insigne de Paris, bisayeul de Caillette : D'après certains documents, ce fou aurait fait partie de la maison de Philippe de Valois, et c'est à ce titre que nous transcrirons ce récit :

« A Paris, en la roustisserie du petit chastelet, au deuant de l'aurror[1] d'ung roustisseur, ung facquin[2] mangeoyt son pain à la fumée du roust, et le trouvoyt, ainsi parfumé, grandement sauoureux. Le roustisseur le laissoyt faire. Enfin, quand tout le pain feut baufré, le roustisseur happe le facquin au collet, et vouloyt qu'il luy payast la fumée de son roust. Le facquin desoyt en rien n'auoir ses viandes endommaigé, rien n'auoir du sien prins, en rien luy estre débiteur.

La fumée dont estoit question euaporoyt par dehors : ainsi comme ainsi se perdoyt-elle : jamais n'avait été ouÿ que, dedans Paris, on eust vendu fumée de roust en rue. Le roustisseur répliquoyt

1. Boutique.
2. Portefaix.

que de fumée de son roust n'estoyt tenu nourrir les facquins, et renioyt¹, en cas qu'il ne le payast, qu'il luy osteroyt ses crochetz. Le facquin tire son tribart² et se mettoyt en deffense.

L'altercation feut grande, le badault peuple de Paris accourut au débat de toutes parts. Là se trouva à propous Seigni Joan, le fol, citadin de Paris. L'ayant aperceu, le roustisseur demanda au facquin : Veulx tu sus nostre différent croire ce noble Seigni Joan ? — Ouy, par le Sambreguoy³, respondist le facquin.

Adoncques Seigni Joan, après auoir leur discord entendre, commanda au facquin qu'il luy tirast de son baudrier quelque pièce d'argent. Le facquin luy mist en main ung tournois philippus⁴ Seigni Joan le print et le mist sus son épaule gausche, comme explorant s'il estoyt de poids ; puis le tympoy⁵ sur la paulme de sa main gausche, comme pour entendre s'il estoyt de bon alloy ; puys le posa sur la prunelle de son œil droict comme pour voir s'il estoyt bien marqué. Tout ce fait faict en grande silence de tout le badault peuple, en ferme attente du roustisseur et déses-

1. Juvrait.
2. Baton ferré.
3. Par le sang Dieu.
4. Gros tournois de Philippe de Valois, valant un sou.
5. Faisait sonner.

poir du facquin. Enfin le fait sus l'ouuroir sonner par plusieurs foys. Puys, en maiesté présidentale, tenant sa marotte au poing, comme si feust ung sceptre, et aflublant en teste son chaperon de martres singesses à aureilles de papier fraisé à poincts d'orgues, toussant préallablement deux ou troys bonnes foys, dist à haulte voix : — La court vous dict que le facquin qui ha son pain mangé a la fumée du roust, civilement ha payé le roustisseur au son de son argent [1]. Ordonne ladicte court que chacun se retire en sa chascunière, sans despens, et pour cause.

Cette sentence du fol parisien tant ha semblé équitable, voyre admirable, aux docteurs susdictz, qu'ily faut doubte, en cas que la matière eust esté au parlement dudict lieu, ou en la Rote à Rôme, voyre certes entre les aréopagites décidée, si plus iuredicquement eust esté par eulx sententiée. Pourtant aduisez si conseil voulez d'ung fol prendre. »

Si l'histoire présente des lacunes dans la nomenclature des bouffons, il ne faut pas croire que cette charge restât jamais sans titulaire, car à une époque où la culture de l'esprit était pour

---

[1]. Bocchoris, selon Plutarque, rendit un jugement semblable contre la courtisane Thonis, qui réclamait, en argent, le prix de ses faveurs qu'un jeune homme s'était procurés en imagination.

ainsi dire nulle et où les sciences, les lettres, les beaux arts étaient le partage de quelques privilégiés, les princes et leurs fidèles cherchaient des distractions plus matérielles : alors le fou était l'ornement obligé de toutes les fêtes.

Ce n'est réellement qu'à partir du règne de Charles V (1364-1380), que l'on trouve des documents précis sur les bouffons.

Dans les archives de la ville de Troyes, en Champagne, se trouve une lettre de Charles V, où ce prince marquant au maire et aux échevins la mort de son fou, lui ordonnait de lui envoyer un autre *suivant la coutume*. L'usage en était déjà établi et la Champagne avait apparemment l'honneur exclusif de fournir des *Fous* à nos rois du temps de Charles V.

Le texte de ce document est trop curieux pour ne pas être cité :

« Charles, par la grâce de Dieu, roi de France, à leurs seigneuries les maires et échevins de notre bonne cité de Troyes salut et dilection.

Savoir faisons à leurs dessus dictes seigneuries que Thévenin nostre fol de cour, vient de trespasser de celluy monde dedans l'aultre. Le Seigneur Dieu veuille avoir en gré l'ame de luy qui oncques ne faillit en sa charge et fonction emprès nostre royale Seigneurie et mesmement ne voult si trespasser sans faire quelque joyeuseté et gentille farce de son métier. Pourquoy nous avons ordonné que luy serait dressé marbre funéraire représentant le dict sire avec épitaphe condigne.

« Ores, comme par le trespassement d'icelluy la charge de fol en nostre maison est de faict vacquante avons ordonné et ordonnons aux bourgeois et vilains de nostre bonne villes de Troyes, qu'ils veuillent pour droict à nous acquis déjà depuis longues années nous bailler un fol de leur cité pour récréer nostre majesté et les seigneurs de nostre palais.

« Ce faisant, feront droict à nos royaux privilèges, et pour récompense seront lesdicts bourgeois et villains à tout jamais nos féaux et amés subjects. Ce tout sans délais ni surcis aulcuns : car voulons que ladicte charge ne reste un plus longtemps vacquante.

« En nostre palais de Paris, le 14 Janvier de l'incarnation 1372 [1].

Ce qu'il y a de remarquable, c'est que ce monarque a qui on a donné le nom de *Sage*, qu'il méritait, a fait élever deux tombeaux à deux de ses fous, dont l'un fut inhumé dans l'Église Saint-Germain l'Auxerrois à Paris, et l'autre dans l'Église Saint-Maurice de Senlis. « Ce tombeau

---

[1]. Cette pièce a été reproduite par M. A Assier dans son livre intitulé « Légendes de la Champagne, » d'après les mémoires de Dreux du Radier. (Hist. des fous en titre d'office 1767.)

consiste, dit Sauval, dans une tombe de pierre liais de 8 pieds 1/2 de long et 4 1/2 de large. Au milieu est couchée une figure en habits longs, de laquelle les pieds sont d'albâtre de rapport avec le visage. Elle est coiffée d'une calotte terminée d'une houppe, elle a un capuchon, deux bourses sont sur son estomac et une marotte à la main. Autour du tombeau sont taillées avec une délicatesse et une patience incroyables, quantité de petites figures dans des niches. On y lit cette épitaphe : « Ci gîst Thévenin de Saint-Léger, fou du Roi notre sire, qui trépassa le XI Juillet, l'an de Grace MCCCLXIV. Priez Dieu pour l'âme de Li [1]. »

Charles V eut encore trois fous et même une folle, Artaude du Puy, attachée à la maison de la reine Jeanne.

Son fils qui sous le nom de Charles VI lui succéda sur le trône de France eut des bouffons dès sa plus tendre enfance. A 8 ans, il en avait un nommé Jehan. Maître à 12 ans de cette puissance sans limites qui jeta souvent dans le délire les plus fermes esprits, Charles VI avait à 24 ans épuisé tous les plaisirs, toutes les émotions, depuis celles de la débauche jusqu'à celles du champ de bataille. Sa constitution était minée : son esprit

---

[1]. Sauval (1620-1670) a laissé 9 vol. in-fol. manuscrits d'où l'on a tiré : *Histoire et recherche sur les antiquités de Paris*, publiée longtemps après sa mort, en 1724, 3 vol. in-fol.

déjà affaibli, par le terrible accident qui lui était survenu dans un bal masqué où il faillit brûler vif dans ses maillots d'étoupes enduits de poix, reçut le coup de grâce lors de l'événement qui lui arriva dans la forêt du Mans qu'il traversait pour aller châtier le meurtre du connétable O. de Clisson. Ce choc violent dérangea sa raison ébranlée ; le roi était fou. En proie à une noire mélancolie, abandonné de presque tous, on conçoit que Charles ait été entouré de bouffons qui devaient essayer de le distraire. Plusieurs en effet furent attachés à sa personne. Le plus connu d'entre eux est un nommé Hainselin « qui, nous dit Gazeau, semble s'être donné beaucoup de mouvements pour arracher son maître à ses humeurs noires, car les comptes de l'hôtel de Charles VI font mention de sommes attribuées un jour à l'achat d'une chemise, ledit Hainselin ayant lutté et déchiré la sienne pour amuser le roi, et un autre jour, et à l'acquisition de quarante-sept paires de souliers pour la seule année de 1404. Il est vrai que vers la même époque, le bouffon d'Isabeau de Bavière, Guillaume Fouel, usait en six mois, *cent trois paires*, tant bottines, sollers, (souliers, comme chaussures semellées.) Il faut croire que nous avons affaire ici à une série de fous particulièrement agités ! ».

« Les membres de la famille royale avaient

d'ailleurs tous autour d'eux quelques porteurs de marottes : Jean, duc de Berry, frère de Charles V, le plus dissipé, le plus fastueux des fameux oncles de Charles VI, mort en 1416, fut conduit solennellement à sa dernière demeure par ses fous vêtus de deuil... » [1].

Charles VII se conforma à l'usage et eut un fou en titre ; la reine, Marie d'Anjou avait à son service une folle nommée Michon.

Mais ces personnages durent jouer un rôle bien insignifiant et se borner au strict devoir que leur imposait leur charge, car on ne trouve sur leur compte aucun récit, aucune anecdote.

Le farouche Louis XI ne semble pas avoir eu grand goût pour les fous. Cependant il en eut au moins un qui fut digne d'un tel maître. Il était d'un caractère méchant, emporté, vindicatif : Brantôme nous en rapporte plusieurs traits [2].

« Entre plusieurs bons tours des dissimulations, faintes, finesses et galanteries que fit ce bon roy en son temps, ce fut celuy, lorsque par gentille industrie il fit mourir son frère le duc de Guyenne, quand il y pensoit le moins, et lui foisoit le plus beau sembler de l'aymer luy vivant et le regretter après sa mort ; si bien que personne ne s'en aperçut qu'il eust fait faire le coup, sinon par le moyen

1. Gazeau, *op. cit.*
2. Brantôme, t. I, pp. 30-31, édit. 1666.

de son fol, qui avait esté au dict frère, et il
l'avoit retiré avec luy après sa mort car il estoit
plaisant. Estant donc un jour en ses bonnes
prières et oraisons à Cléry, devant Nostre-Dame,
qu'il appelloit sa bonne patronne, au grand autel
et n'ayant personne auprès de luy, sinon ce fol
qui en estoit un peu éloigné, et duquel il ne se
doubtoit qu'il fust si fol, fat, sot, qu'il ne pust rien
rapporter, il l'entendit comme il disait. « Ah ! ma
bonne dame, ma petite maîtresse, ma grande
amye, en qui j'ay eu toujours mon reconfort, je te
prie de supplier Dieu pour moy, et estre mon
advocate envers luy, qu'il me pardonne la mort
de mon frère que j'ay faict empoisonner par ce
meschant abbé de Saint-Jean ». (Notez encore
qu'il l'eut bien servy en cela, il appelait meschant ;
aussy faut-il appeler tousjours telles gens de ce
nom). Je m'en confesse à toy, comme à ma bonne
patronne et maistresse. Mais aussy qu'eusse-je
sceu faire ? Il ne foisoit que troubler mon royaume.
Fais moy donc pardounez, ma bonne dame, et je
scays ce que je te donneray. »

Je pense qu'il vouloit entendre quelques beaux
présents, ainsy qu'il estoit coustumier d'en faire
tous les ans force grands et beaux à l'église.

« Le fol n'estoit point si reculé, ny despourvu
de sens, ny de si mauvaises oreilles, qu'il n'en-
tendist et restinst fort bien le tout ; en sorte qu'il

le redit à luy, en présence de tout le monde à son disner, et à austres, luy reprochant ladicte affaire, et lui répétant souvent qu'il avait faict mourir son frère. Qui fust estonné ? Ce fust le roy. (Il ne faict pas bon de se fier à ces fols qui quelques fois faict distraits de sages et disent tout ce qu'ils sçavent, ou bien le devinent par quelque instinct divin.) Mais il ne le garda guères : car il passa le pas comme les autres, de peur qu'en reïtérant il feust scandalisé davantage.

« Il y a plus de cinquante ans que moy estant fort petit, m'en allant au collège à Paris, j'ouis faire ce conte à un vieux chanoine de là qui avoit près de quatre vingts ans ; et depuis ce conte est allé de l'un à l'autre par succession de chanoine comme depuis me l'ont confirmé de cette mort. »

Sous Charles VIII les fous sont peu connus : sa femme Anne de Bretagne, qui joignait les qualités de l'esprit à la beauté, avait introduit à la cour un ton fort sévère. Les bouffons ne pouvaient et ne devaient pas y jouer un grand rôle ; cependant il était d'étiquette qu'il y en eut au moins un, si l'on s'en rapporte au dire de Monteil, « le bon roi Charles VIII a bien traité ses fous et même ceux des autres [1]. »

---

1. A. Monteil, *Histoire des Français des divers états*, t. III.

Renaissance

Le moyen âge se mourait : Le monde arrêté pendant deux siècles dans les bas fonds qu'il a trouvés au bout de sa route se remet en marche : Le réveil de la raison s'étend sur tout et sur tous : poëtes, artistes, philosophes, docteurs, reprennent le rang qu'ils avaient depuis longtemps perdu : Les mœurs se policent, le goût devient plus sévère ; les fêtes de la cour plus élégantes et tout brille d'un éclat inaccoutumé. A cette époque commence la série vraiment célèbre et populaire des bouffons de cour. Le premier que nous trouvons appartenait à Louis XII sous le nom de Caillette, ce fou est connu surtout par le récit d'une aventure où il joue un rôle bien en rapport avec sa position [1].

CAILLETTE

« Les pages avoient attaché l'oreille à Caillette avec un clou contre un poteau, et le pauvre Caillette demeurait là, et ne disait mot : car il n'avait point d'autre appréhension, sinon qu'il pensait être consigné là pour toute sa vie. Il passe un des seigneurs de la cour, qui le void ainsi en conseil avec ce pillier, qui le fit incontinent dégager de

---

[1]. Bonaventure des Périers, *Contes et nouvelles*.

là, s'enquérant bien expressement qui avoit fait cela, et qui l'avoit mis là « que voulez-vous ? disoit Caillette, un sot là mis là, là la mit un sot. » Quand on disoit « C'ont esté les pages ? » Caillette respondoit bien en son idiotisme : « oui, oui, ç'ont esté les pages. Scaurois-tu connoistre lequel ç'à esté ? Oui, oui, disoit Caillette, je sais bien qui ç'a esté. » L'écuyer, par commandement du seigneur, fait venir tous ces gens de bien de pages en la présence de ce sage homme Caillette, leur demandant à tous l'un après l'autre : « Venez ça, a-ce esté vous ? » Et mon page de le nier, hardi comme un Saint-Pierre : « Nenni, monsieur, ce n'a pas esté moi. Et vous ? ni moi Et vous ? ni moi aussi. » Mais allez faire dire oui a un page quand il y va du fouet ! Caillette estoit là devant qui disoit en son caillettois : « ce n'a pas esté moi aussi » Et voyant qu'ils disoient tous nenni, quand on lui demandoit : « A-ce point esté celui-ci ? Nenni, disoit Caillette. Et celui-ci ? Nenni. » Et à mesure que respondoient nenni, l'écuyer les faisoient passer à costé, tant qu'il n'en resta plus qu'un, lequel n'avoit garde de dire oui après tant d'honnestes jeunes gens qui avoient tous dit nenni ; mais il dit comme les autres : « Nenni, monsieur, je n'y estois pas. » Caillette estoit toujours là, pensant qu'on le deust interroger aussi si ç'avoit esté luy ; car il ne lui souvenoit plus qu'on parlast de son oreille. De sorte que quand il vit qu'il n'y avoit plus que lui, il va dire : « Je n'y estois pas aussi. » Et s'en va remettre avec les pages pour se faire coudre l'autre oreille au premier pillier qui se trouveroit. » Un fait moins connu, c'est que Caillette aurait eu un fils qui lui succéda dans sa charge à la cour. Mais faut-il accepter sans réserve le récit du bibliophile Jacob, et ne faudrait-il pas plutôt y voir un personnage de roman ? tout en penchant pour cette dernière opinion, car nous n'avons pas trouvé ailleurs d'indications précises à cet égard, nous reproduirons avec plaisir cette page qui nous montre le bouffon capable de jouer auprès de ses maîtres un rôle plus noble et plus relevé.

« C'était, dit le bibliophile Jacob [1], un grand et beau jeune homme âgé de vingt-quatre ans ; la perfection des formes du corps, la noblesse de son maintien, une physionomie spirituelle et touchante, l'élégance de son langage et la grâce de ses manières, tout s'accordait pour démentir son origine, et le fils d'un fou du roi avait en sa personne plus de qualités naturelles que le roi lui-même. Le connétable de Bourbon l'avait bien jugé dès son enfance, et, pour éviter que de si louables dispositions de corps, de cœur et d'esprit se gâtassent en la société des pages, des singes et

1. Bibliophile Jacob, Ouvrage cité, p. 69.

des perroquets, il avait prié le comte de Saint-Vallier de faire élever ce jeune homme avec plus de soin que ne comportait sa naissance. Le jeune Caillette profita de ses leçons, qu'il partageait avec mademoiselle Diane de Poitiers, fille unique de son protecteur. Quand des intérêts de fortune eurent formé l'alliance de Diane avec M. de Bregé, grand sénéchal de Normandie, Caillette acquit un caractère sombre et mélancolique ; il continua de s'adonner à l'étude, comme pour y chercher un adoucissement aux souffrances de l'âme ; mais il n'avait plus goût à l'existence ; et la renommée de son père, premier fou du roi, était encore pour lui une autre source de chagrins. Le baptême du fils de connétable de qui François Ier fut le parrain, obligea Caillette d'accompagner à Moulins M. de Saint-Vallier. Madame Diane de Brezé qui, depuis son mariage, languissait en son château de Normandie, sous la tutelle sévère d'un mari jaloux, se rendît aussi à Moulins pour y joindre son père qu'elle n'avait pas vu depuis trois ans. C'est là que Caillette la retrouva, et un rayon de bonheur traversa comme un éclair sa noire mélancolie. Mais pendant les fêtes du baptême, le vieux Caillette, fou du roi, *se pendit* de désespoir d'avoir été vaincu en folie par son camarade Triboulet. François Ier fut plus sensible à cette perte qu'à celle d'un ministre, et, pour perpétuer le nom du bouffon qu'il chérissait, voulut que le jeune Caillette succédât à l'office de son père.

« En vain M. de Saint-Vallier et le connétable s'opposèrent à ce choix si peu conforme à l'élévation d'âme et d'esprit qui distinguait leur élève à défaut de la naissance, mais le roi commandait, il fallut obéir.

« Foi de gentilhomme ! avait répondu François Ier à ceux qui lui représentaient la supériorité de Caillette ; jusqu'à ce, messieurs, les fous du roi étaient grossiers de leurs personnes, et, plusieurs furent pris gardant les porcs aux champs : mais suis aise d'enfreindre cette bonne coutume, et à cette cause donnerai à Ortis et à Triboulet des frères issus des collèges et bonnes disciplines.

« Caillette fut tenté de se soustraire à cette déshonorante condition par le moyen d'une lame affilée, mais son confesseur, auquel il confia son projet de suicide, l'en détourna par les mérites du très saint sacrement ; ses protecteurs, M. de Saint-Vallier et le connétable, lui firent envisager la charge du fou du roi sous un aspect plus honorable et comme une mission de vérité. Madame Diane de Poitiers de Brezé, qui conservait pour lui son amitié d'enfance, le consola si affectueusement et lui jura tant de fois qu'elle ne l'estimerait pas moins sous le bonnet à grelots, qu'il surmonta sa répugance à vivre et accepta la dégradation et le titre de fou ; mais il n'imita point ses prédécesseurs, et au lieu des ignobles folies et des frivoles jeux de mots qui divertissaient les courtisans, il prêta un langage piquant et délicat à l'austère raison.

François Ier s'aperçut bientôt qu'il s'était donné presque un maître sous l'apparence d'un bouffon, et cependant il soumit sa fierté de gentilhomme aux conseils comme aux reproches. »

Louis XII eut un autre bouffon, Nicolas Ferrial plus connu sous le nom de Triboulet.

TRIBOULET

Triboulet ! ce nom qui de nos jours jouit d'une si grande célébrité, d'une si grande popularité ne s'applique pourtant qu'à un de ces imbéciles qu'on peut appeler type, à un idiot recueilli par pitié par Louis XII, à un rachitique digne frère des malheureux qui sont aujourd'hui, dans les asiles, l'objet de la plus grande sollicitude ! Mais n'anticipons pas.

Notre grand poète, a immortalisé le nom de Triboulet dans son drame « Le Roi s'amuse » et sous ce nom a personnifié le personnage type du bouffon de cour; tel qu'il le comprenait, tel qu'il aurait dû être.

Au premier abord, l'aspect grotesque de Triboulet prête à rire, mais bientôt on oublie sa laideur pour ne voir qu'en lui un homme d'esprit dont les mordants sarcasmes font bondir les tristes courtisans du roi.

« Triboulet, dit Victor Hugo lui-même dans la préface placée en tête de la première édition de sa pièce, préface datée du 30 novembre 1832, Triboulet est difforme, Triboulet est malade, Triboulet est bouffon de cour, triste misère qui le rend méchant. Triboulet hait le roi parce qu'il est roi, les seigneurs parce qu'ils sont seigneurs, les hommes parce qu'ils n'ont pas tous une bosse sur le dos. Son seul passe-temps est d'entreheurter sans relâche les seigneurs contre le roi, brisant le plus faible au plus fort. Il déprave le roi, il le corrompt, il l'abrutit, il le lâche à travers les familles des gentilhommes, lui montrant sans cesse du doigt la femme à séduire, la sœur à enlever, la fille à déshonorer... Mais Triboulet est père, Triboulet a une fille... il élève son enfant dans l'innocence, dans la foi, dans la pudeur ; sa grande crainte est qu'elle ne tombe dans le mal, car il sait, lui méchant, tout ce qu'on y souffre. La malédiction du vieillard atteint Triboulet dans la chose qu'il aime le plus au monde, dans sa fille. Alors le bouffon disparaît, reste l'homme qui est père, qui a un cœur, qui a une fille... »

Victor Hugo a bien nettement caractérisé son

Triboulet : il a vu en lui deux êtres bien distincts. Dans l'un le jouet de la cour, le bouffon, dans l'autre, l'homme, le père de famille. Nous n'avons rien à reprendre à ce portrait :

Il est juste et on ne peut qu'admirer la vigueur et la profondeur de cette étude.

Malheureusement il est absolument faux appliqué au personnage qui fut Triboulet.

Triboulet, de son vrai nom Nicolas Ferrial, était né aux environs de Blois et l'historien Bernier nous le présente comme un pauvre hébété qui n'avait rien de ces fous spirituels, à la répartie vive et juste, aux propos sententieux.

Les tours et les plaisanteries qu'il faisait aux uns et aux autres, ne restaient pas toujours sans être payés de retour. Il lui arriva parfois de se trouver dans de mauvaises situations, témoin l'aventure suivante que rapporte le bibliophile Jacob.

« Triboulet qui est un personnage historique aussi bien qu'un grand panetier ou un boutelier de la couronne, devait avoir trente-cinq ans d'âge à cette époque. François Ier n'étant que duc d'Angoulême l'attacha à sa personne, et lui donna Michel Levernoy pour gouverneur ; car Triboulet était renommé à Blois, sa ville natale, pour ses incroyables folies, qui mirent souvent sa vie en danger. Dans le temps que le duc d'Angoulême était de séjour à Blois, Triboulet, errait, d'habitude dans les rues de cette ville, se chauffant au soleil, jouant de la langue et vivant d'aumônes, à l'exemple de Diogène, le philosophe cynique. Vint à passer un page du duc portant un message au château où étaient attendus le roi Louis XII et sa seconde femme, Anne de Bretagne. Triboulet s'approcha de lui avec mille joyeux propos, et pendant que l'autre riait de toutes ses forces, il coupa si habilement, par derrière, le pourpoint du page, que celui-ci fut le dernier à s'en apercevoir. Les pages prirent à cœur l'insolence de Triboulet, et tout en riant de la mésaventure de leur camarade, s'en vengèrent avec barbarie. Ils s'emparèrent d'abord du pauvre fou qui se laissa garotter sans se plaindre de ce dur traitement.

« Messeigneurs, disait-il seulement, qui d'entre vous a vêtu l'habit et condition de mon page ?

« Ces railleries et d'autres blessèrent au vif l'orgueil des pages, qui emportèrent Triboulet hors des remparts de la ville, de peur que les habitants ne s'émussent de ses cris et de ses souffrances. Ils commencèrent à le torturer, lui piquant la plante des pieds, lui brûlant les moustaches, et le tirant par les cheveux. Le plus méchant de la troupe imagina de l'élever en l'air par

1. Bibliophile Jacob. ouvr. cit, p. 26.

les oreilles, qu'il avait singulièrement longues. Un gibet se trouvait sur la route, et bientôt, l'infortuné Triboulet, cloué par les oreilles, n'osant remuer au risque de raviver ses douleurs, fut réduit à crier à l'aide, d'une voix étouffée par les éclats moqueurs de ses petits bourreaux ; il serait mort la nuit de froid, de faim, et dévoré par les oiseaux de proie, si le bon roi Louis XII, venant à Blois avec madame Anne de Bretagne, n'eût entendu ses pitoyables gémissements. Il envoya un de ses officiers, qui rapporta, tout effrayé, qu'un pendu faisait seul ce vacarme : mais le mystère fut éclairci aussitôt que Triboulet, secouru et décrucifié, put raconter lui-même les détails de son supplice. Louis XII, touché de pitié, consola la victime, en promettant de châtier les *perce-oreilles*, dit la Chronique de Blois ; mais Triboulet demanda leur grâce, moins pour leur sauver une juste punition que pour éviter de plus cruelles représailles. Le duc d'Angoulême créa pour lui une charge de bouffon, comme pour réparer la méchanceté de ses pages, et Triboulet depuis sa nouvelle fortune, ne perdit nulle occasion de témoigner à ceux-ci qu'il avait plus de mémoire que de sagesse. »

Rabelais qui a mis Triboulet en scène le considère comme un véritable fou :

« Triboullet, dist Pantagruel me semble competentement fol ; Panurge répondist : Proprement et totallement fol[1] »

Dans un autre chapître[2] Triboulet est encore en scène :

Panurge voulant se marier veut prendre conseil :

« Je vouldroys qu'en nostre consultation présidast quelqu'ung qui feust fol en degré souverain, » Et il a recours à Triboulet.

«.... Panurge à sa venue luy donna une vessie de porc bien enflée et résonnante à cause des pois qui dedans estoyent : plus une espée de boys bien dorée ; plus une petite gibessière faicte d'une cocque de tortue ; plus une bouteille clissée, pleine de vin breton, et un quarteron de pommes blandureau. Comment, dist Carpalim, est-il fol comme ung chou à pommes ? — Triboullet ceignit l'espée et la gibessière, print la vessie en main, mangea part des pommes, beust tout le vin. Panurge le reguardoit curieusement et dist : Encores ne veidz ie oncques fol, et si en ay veu pour plus de dix mille francz qui ne beust vouluntiers et à longs traicts. Depuis luy expousa son affaire en paroles rhétoricques et élégantes. Deuant qu'il eust acheué, Triboullet luy bailla ung

1. Livre III, ch. XXXVII.
2. Livre III, ch. XV. Comment Pantagruel se conseille à Triboullet.

grand coup de poing entre les deux espaules, luy rendit en main la bouteille, le nazardoit auec la vessie de porc, et pour toute response luy dist branslant bien fort la teste : Par Dieu, Dieu, fol enragé, huare moyne, cornemuse de Buzançay. Ces parolles acheuées, s'escarta de la compagnie, et jouait de la vessie, se delectant au mélodieux son des pois. Depuys ne fust possible tirer de luy mot quelconque. Et le voulant Panurge daduantaige interroger, Triboullet tira son espée de boys et l'en voulut férir. Nous, dist Panurge, en sommes bien vrayment. Voila belle résolution. Bien fol est-il, cela ne se peult nier ; mais plus fol est celluy qui me l'amena, et ie trésfol qui luy ay communicqué mes pensées. C'est respondit, Carpalim, droict visé à ma viscere. Sans, dist Pautaguel, nous esmouroir, considérons ses gestes et ses dictz... »

Cependant, si les plaisanteries, les bons mots, les réponses qu'on prête à ce bouffon étaient de lui, si Triboulet était ce railleur prompt à la riposte, le conseiller politique des plus sages et et des mieux inspirés que Dreux du Radier nous fait connaître, ce serait certes là un élève qui ferait le plus grand honneur à son professeur Le Vernoy, chargé de le dresser à jouer son rôle, à lui développer l'esprit.

Cependant il ne faut pas nier qu'il réussit à lui

apprendre à tenir son emploi avec assez d'éclat.

Les moyens employés par Le Vernoy pour obtenir ce résultat n'étaient pas seulement la persuasion et les arguments moraux. Il allait jusqu'aux étrivières et aux coups, s'il faut en croire Bonaventure des Périers. Mais parmi ces documents, ceux qui nous prouvent le plus la nature de Triboulet, ceux qui démontrent le mieux son état d'imbécillité, sont tirés surtout de l'étude d'une monnaie italienne de 1561 (collection des estampes) et d'un portrait tracé par un contemporain.

Triboulet était de petite taille, contrefait, et François Ier s'étonnait que « si gentil esprit se fut logé dans si vilain corps. » En étudiant le premier document, on voit tout d'abord que l'on a affaire à un véritable microcéphale : le front est bas, et fuyant, les traits du visage sont grossiers, les oreilles démesurément longues sont détachées de la tête, une bouche largement fendue, un grand nez, de gros yeux saillants. Sa poitrine plate et creuse, son dos taillé en voûte, ses jambes courtes et torses, ses bras longs et pendants, les mains longues et effilées, amusaient les regards des courtisans, comme s'il se fut agi d'un perroquet ou d'un singe.

Jugeant par comparaison avec ce que nous avons journellement sous les yeux, la forme seule de la tête nous autorise à affirmer que l'intelligence chez Triboulet devait être aussi restreinte que possible.

La deuxième source à laquelle nous nous arrêterons consiste en un portrait que Jean Marot, le père de Clément Marot, valet de chambre et historiographe de Louis XII, fait de ce bouffon :

> Triboulet fut un fol de la teste écorné,
> Aussi saige à trente ans que le jour qu'il fut né.
> Petit front et gros yeux, nez taillé à voste,
> Estomac plat et long, hault dos à porter hoste !
> Chacun contrefoisoit, chanta, dansa, prescha
> Et du tout si plaisant qu'onc homme ne fascha.

Mais pourquoi Victor Hugo a-t-il été choisir ce type de fou pour en faire son héros ? N'y en avait-il pas assez d'autres qui auraient pu à plus juste titre mériter ce choix ? Et aujourd'hui, le Triboulet du poète est si bien devenu légendaire qu'il est très difficile de faire passer dans l'esprit du public l'idée que le vrai Triboulet n'était qu'un vulgaire imbécile, un véritable incomplet tant au physique qu'au moral, un être enfin qui ferait le plus bel ornement d'un asile !

La mère du roi eut aussi son fou, ainsi qu'il résulte de l'épitaphe qu'avait fait pour lui le poète de la cour[1] :

> Je fus Jouan, sans avoir femme,
> Et fol jusqu'à la haute gamme.

---

1. Cité par Gazeau.

Tous fols et tous jouans aussy,
Venez pour moy prier icy
L'uns après l'aultre, et non ensemble :
Car le lieu seroit ce me semble,
Uns petit bien estroit pour tous.
Et puis s'on ne parloit tout doulx,
Tant de gens me romperoient mon somme.
Au surplus, quand quelque saige homme
Viendra mon épitaphe lire,
J'ordonne, s'il se prend à rire,
Qu'il soit des fols maistre passé :
Faut-il rire d'un trespassé ?

A Triboulet, mort en 1538 succéda *Brusquet* qui se signala dans l'emploi de fou du roi, sous les règnes de Henri II, François II et Charles IX.

Brusquet.

Brusquet était provençal : « Son premier advènement, dit Brantôme, fut au camp d'Avignon (pendant l'invasion de Charles-Quint en Provence, à la fin de 1536) où il se jetta, venant de son pays de Provence, pour y gagner la pièce d'argent ; et contrefoisant le médecin, se mit, pour mieux jouer son jeu, au cartier des suisses et des lansquenets, desquels il tiroit grands derniers. Il en guérissoit aucuns par hasard ; les autres il envoyoit *ad patres* même comme mouches..... Ce pis fut qu'il fut descouvert par la grande desfaicte de ces pauvres

---

1. Brantôme, *op. cit :*

diables et qu'il fut accusé. La cognoissance en estant venue à M. le connestable, il le voulut faire pendre, mais on fit rapport à M. le Dauphin qui estait lors là, que c'estoit le plus plaisant qu'on vit jamais et qu'il le falloit sauver. M. le Dauphin, despuis nostre roy Henry second, le fit venir à luy le vid et le cognoissant fort plaisant et qu'il luy donneroit bien un jour des plaisirs, ce qu'il a faict, il l'osta d'entre les mains du prévost du camp, et le prit a son service. »

Il parvint à être valet de garde robe du prince, puis valet de chambre, puis bouffon en titre, et finalement, dégoûté du service, il devint maître de la poste à Paris où il fit une très grande fortune, n'y ayant encore ni voiture publique, ni chevaux de relais. De plus, il avait pour augmenter ses revenus des procédés particuliers dont il usait partout : chez les princes, les seigneurs et les gentilshommes, il prenait tout ce qui était à sa convenance et ne quittait la place que quand on lui avait laissé emporter les pièces sur lesquelles il avait jeté son dévolu.

Parfois cependant il sut être bouffon amusant et facétieux. « Je crois, dit Brantôme, que si l'on eût recueilli tous les bons mots, contes, traits et tours du dit Brusquet, on eût fait un gros livre et jamais il ne s'en vist de pareils, n'en déplaise à Pessan, à Arlot, à Villon, ni à Raget, ni à Morel, ni à Chicot, ni à quiconque a jamais été de ces plaisants compagnons. Il faut dire de lui que ça été le premier homme pour la bouffonnerie qui fut jamais et qui sera, n'en déplaise à Morel de Florence, fut pour le parler, fut pour le geste, fut pour écrire, fut pour les inventions, bref pour tout, sans offenser ni déplaire. »

Tout cela suppose que Brusquet était un homme d'un esprit fin et délicat, qui sut tirer parti des grands de son temps, mieux qu'homme du monde et que sa folie valait bien la sagesse d'un autre.

Si Brusquet savait à la cour exploiter la vanité des courtisans, il y trouva aussi des rivaux dignes de lui. « M. le maréchal de Strozze, nous apprend Brantôme, aymoit fort à se jouer avec Brusquet et luy faire la guerre et de bons tours : aussy Brusquet luy rendoit bien son change et luy en foisoit de bons » En voici un exemple entre mille :

« M. le Mareschal estoit venu au logis du roy en housse de velours, belle et riche de broderies d'argent sur un beau coursier qu'il n'eust pas donné pour cinq cents écus, car il en avoit toujours de fort beaux : ainsy qu'il fut descendre, et qu'un de ses lacquays se tenoit devant la porte du roy, attendant son maistre, Brusquet sortant du Louvre, vit ce beau cheval, et alla aussy tost dire

au lacquays que M. le Mareschal luy mandoit
d'aller quérir quelque chose en son logis dont il
s'estoit oublié, cependant qu'il lui laissast son
cheval, et qu'il le garderoit bien. Ce lacquays ne
fit point de difficulté de luy donner, car il le voyoit
ordinairement causer avec M. le Mareschal. Cependant le lacquays va en commission, Brusquet
monte sur le cheval et le mène en son logis, luy
fait couper le crin de devant aussy tost la moitié
d'une oreille et le rend ainsy difforme, le desselle,
luy oste la belle housse et l'harnois et la selle.
Vient un courrier à quatre chevaux prendre la
poste avec une grosse malle : il le faict accommoder avec une selle de poste et un coussinet,
charge la malle sur luy, faict bravement sa poste
jusqu'à Longjumeau. Estant de retour, l'envoie
en tel appareil à M. le Mareschal, où estant le postillon luy dict par le commandement de son
maistre :« Monsieur mon maistre se recommande
à vous. Voylà vostre cheval qu'il vous renvoye :
il est fort bon pour la poste : je le viens d'essayer
d'ici à Longjumeau : je n'ai pas demeuré trois
quarts d'heures à faire sa poste : il vous demande
si vous luy voulez laisser pour cinquante escus, il
vous les envoyera. « M. le Mareschal voyant
son cheval ainsy difforme, en eut pitié, et ne
dict autre chose, sinon : « Va, mène le à ton
maistre et qu'il le garde jusqu'au rendre. »

Au bout de quelques jours M. le Maréschal voulut aller trouver le roy en poste jusqu'en Champagne, envoya quérir vingt chevaux de poste, mandant à Brusquet qu'il les luy envoyast bons, autrement ils ne seraient pas amys, et surtout trois bons malliers. Il ne retient pour luy que sept et un mallier. Les autres, qui estoient des meilleurs les donna à quelques pauvres soldats des siens, qui estoient à pied pour aller à l'armée, sans que le postillon s'en advisat, luy faisant accroire qu'ils venaient après, et les deux bons malliers il les fit vendre à deux meuniers du Pont aux meuniers pour porter la farine, qui les acheptèrent volontiers à cause du bon marché qu'on leur en fit : et quelques jours après, furent trouvés par les postillons en la rue, qui portoient la farine. On les fit saisir par justice ; mais le procès cousta plus que ne valoient les chevaux. Quant aux autres chevaux que M. le Mareschal avoit, il les mena jusques à Compiègne, tant qu'ils purent aller, et demeurèrent là outrés. Si bien que Brusquet achepta bien le cheval de M. le Mareschal par telle perte ; et le tout se foisoit en riant jusqu'au rendre. »

On peut juger par là de ce qu'était le personnage au moral :

Si maintenant nous nous reportons au magnifique portrait que Torbido a tracé de Brusquet, nous nous trouvons en face d'un véritable type de rachitique : tête grosse, extrémités volumineuses, buste long, jambes courtes et cagneuses, faits sensibles malgré la peine que le peintre a prise de les dissimuler sous de riches vêtements. Les traits du visage sont durs, grossiers, expriment la méchanceté.

Dans son ensemble, Brusquet était petit, car le chien qu'il conduit en laisse, lui arrive au-dessous des bras. Avec une telle conformation, l'esprit de saillie et d'à propos, qui était le propre de ce bouffon, n'a donc plus rien qui doive étonner, car, on l'a vu, il fait en quelque sorte partie intégrante de la nature rachitique.

« Brusquet, ajoute Bratôme, mourut de chagrin vers 1565. » Ce n'était pas naturel à un homme qui avait eu l'art de faire rire quatre rois et leur cour (Henri II, François II, Charles IX et le sérieux Philippe II. Il) garda pendant un tiers de siècle, de 1535 à 1565 la charge de bouffon en titre d'office et on sait avec quel éclat, au moins sous le règne de Henri II, qui fut la partie la plus heureuse de sa vie. « On peut dire de lui qu'il est véritablement le maître de chœur des bouffons en titre d'office. »

THONY

Contemporain et successeur de Brusquet, avait

d'abord été en quelque sorte son adjoint à la cour : Comme lui, il eut l'honneur et la périlleuse mission de faire rire trois rois ; et sut toujours être un courtisan intelligent :

Par ses fonctions de maître de poste, par des absences qu'il était obligé de faire lorsque, par ordre, il accompagnait en voyage des personnages chargés de mission diplomatique, Brusquet devait avoir un suppléant à la cour.

« Thony, dit Brantôme [1], avait esté premièrement à feu M. d'Orléans [2], qui le demanda à sa mère en Picardie, près de Coussy, laquelle le luy octroya malaysément, d'autant, disait-elle, qu'elle l'avait à voué l'Église, pour prier Dieu pour deux de ses frères qui estoient fols. L'un s'appelait Gazan, et l'autre dont je ne me souviens pas du nom fut à M. le cardinal de Ferrare. Et s'il vous plaist, voyez l'innocence de cette pauvre mère, car le petit fol Thony estoit plus fol que les aultres !

« Au commencement, il estoit un petit idiot, nyais et fat ; mais il fut bien appris, passé, repassé, dressé alambiqué, raffiné et quintessencié par les nattretés (tours de vilain), postiqueries (tours de pages ou de laquais), champisseries

---

1. Brantôme. — *Vie des hommes illustres*. Chap. Reprise de la vie d'A. de Montmorency.

2. Second fils de François Ier mort avant son père.

(tours d'enfants mal nés et mal élevés), gallanteries et friponneries de la cour et leçons et instructions de ses gouverneurs... Après M. d'Orléans mort, ledict Thony vint au service du roi qui layma extresmement. » Le portrait de Thony [1] est plus que suffisant pour confirmer le diagnostic de Brantôme sur ce « fol ».

SIBILOT

Sibilot parut sous Henri III. Il ne paraît pas avoir été un fou bien spirituel, car, ainsi que le fait remarquer Gazeau « outre que les comptes des dépenses royales nous le montrent pourvu d'un gouverneur, ce qui est toujours un signe de faiblesse d'esprit chez un bouffon, l'expression de *Sibilot* est employée dans certaines provinces pour signifier *oison*. » Il suffira de lire le portrait que nous a laissé un des plus violents sectaires de la ligue, Jean Boucher, curé de Saint-Benoist, plus tard recteur de l'université de Paris et prieur de Sorbonne : Sibilot un était véritable *épileptique*, avec ses accès convulsifs, ses accès de redoutable fureur, de violences inouïes :

« Ce que fut cet Henri (Henri III) on peut en juger par cette brute impure, par cet épouvantable monstre de Sibilot. Quoiqu'il n'y eût rien de

---

1. D'après Clouet, collect. Hervard.

plus humble que cet être, rien de plus enclin à l'ivrognerie et à la débauche, de plus porté à se souiller de blasphèmes, ce roi montrait une joie bruyante, quand il le voyait, le bâton à la main, l'écume à la bouche, à l'instar d'un chien enragé, tout couvert de sanie, hurlant comme un loup, assaillir soit dans le palais, soit sur la place publique, et mettre en fuite ceux qui se présentaient à sa rencontre. »

« Henri III, dit encore Gazeau, n'était pas homme à se contenter d'un seul bouffon : c'eût vraiment été trop peu pour un souverain qui avait, il est vrai des qualités réelles, mais qui, sans parler d'habitudes licencieuses [1] fort à la mode de son temps, se distinguait dans la conduite ordinaire de la vie par une puérilité au moins singulière. Il passait des journées entières à fixer ses cheveux, à préparer des colliers pour la Reine, à découper et à coller aux murailles de ses chapelles des images dont on ornait les livres de prière, à jouer avec des petits chiens, des singes et des perroquets, à faire tourner une toupie, ou encore à se vêtir d'un costume de moine pour suivre à pied, le rosaire à la main, en psalmodiant des litanies, une longue procession de pénitents blancs ou noirs, un tel prince devait naturelle-

---

1. P. Moreau de Tours *Aberrations du sens génésique*, 3e édit. Asselin. Paris, 1883.

ment aimer les fous. Il avait eu Sibilot, il eut ensuite Chicot et avec Chicot l'illustre *Mathurine,* la première folle attachée à la domesticité d'un roi. Jusqu'ici, les reines seules et les princesses avaient eu des folles.

MATHURINE

— On a peu ou point de détails sur cette femme, quant à son aspect, son caractère, sa famille. Cependant d'après quelques documents, il ressortirait quelle était femme d'esprit habile à la riposte.

Lorsqu'après la journée des Barricades (12 mai 1588) Henri III avait dû quitter le Louvre, Mathurine resta au palais, et le bibliophile Jacob [1] raconte que lorsqu'Henri IV entra au palais, la première personne qui vint à sa rencontre fut Mathurine. A la suite d'un service éminent que cette femme rendit au roi, dans une tentative d'assassinat, Henri la prit en grande affection et lui accorda souvent des faveurs qu'il avait refusés aux plus grands seigneurs.

« Le mardi, 27 de ce mois [2], (décembre 1594) comme le roi revenant de son voyage de Picardie fust entré tout botté dans la chambre de ma-

---

1. *Dissertations sur les fous des rois de France.*
2. P. de l'Estoile. — *Journal d'Henri IV.*

dame de Liancour, (Gabrielle d'Estrées) ayant autour de luy le comte de Soissons, le comte de Saint-Pol et autre seigneurs se présentèrent à sa majesté pour lui baiser les mains, MM. de Ragni et de Montigni. Ainsy qu'il les recevoit, un jeune garçon nommé Jean Chastel, âgé de dix-neuf ans ou environ, fils d'un drapier de Paris, demeurant dans le Palais, lequel avec la troupe s'estoit glissé dans la chambre et avancé jusques auprès du roy, sans estre apperçu, tascha avec un couteau qu'il tenoit d'en donner dans la gorge de sa majesté ; mais pour ce que le roy s'inclina sur l'heure pour relever ces seigneurs qui lui baisoient les genoux, le coup porta au lieu de la gorge à la face sur la lèvre haute, du costé droit, et luy entama et coupa une dent. A l'instant, le roy qui se sentit blessé, regardant ceux qui estoient autour de luy et ayant advisé Mathurine sa folle, commença à dire : « Au diable soit la folle ! Elle m'a blessée ! » Mais elle, le niant, courut tout aussy tost fermer la porte, et fut cause que ce petit assassin n'eschappast ; lequel ayant esté saisi, puis fouillé, jetta à terre son couteau encore tout sanglant ; dont il fut contraint de confesser le fait sans autre force. »

Après la mort de Henri IV, Mathurine resta à la cour de Louis XIII, où elle mourut en 1527.

CHICOT

Chicot — jouissait à la cour du dernier des Valois, d'une grande liberté et avait même une certaine autorité : Chicot n'était pas un fou ordinaire. Notre grand romancier, Alexandre Dumas, en donne un portrait [1] qui, rapproché des documents et mémoires du temps, paraît assez vraisemblable.

C'était un homme d'esprit qui avait son franc parler avec tout le monde ; il se rappela qu'il avait été soldat et jusqu'à la fin de sa vie garda les allures de sa profession. La légende rapporte que ce fut à la suite d'une querelle amoureuse avec M. de Mayenne, dans laquelle tout simple gentilhomme qu'il était, il l'avait emporté sur ce prince, qu'il s'était réfugié près d'Henri III et payait en vérités quelquefois cruelles la protection que lui avait donné le successeur de Charles IX.

Chicot avait été ligueur et aurait joué un rôle dans la terrible nuit de la Saint-Barthélemy. Plus tard, lorsqu'à la mort de son premier maître, il passa au service d'Henri IV, il aurait, s'il faut en croire P. de l'Étoile [2], par ses conseils pris une grande part à la conversion du roi :

1. *Dame, de Montsoreau, les Quarante-cinq.*
2. P. de l'Estoile, *op. cit.*

« Le roy aymoit Chicot, tout fol qu'il estoit, et ne trouvoit rien mauvais de tout ce qu'il disoit qui estoit cause qu'ils s'égaroit en mille folies. Quand le duc de Parme [1], vinst en France pour la seconde fois, en 1592, Chicot dit au roy, devant tout le monde :

« Monsieur mon ami, je vois bien que tout ce que tu fais ne servira de rien à la fin, si tu ne te fais catholique. Il faut que tu voises à Rome, et qu'estant là, tu bourgeronnes le pape, et que tout le monde le voie, car autrement ils ne croiront jamais que tu sois catholique. Puis tu prendras un peu d'eau bénite pour achever de laver tout le reste de tes péchés. » Il lui dit un autre jour : « Penses-tu pas, monsieur mon ami, que la charité que tu as à l'embrassement de ton royaume doit excéder toute charité chrétienne ? De moi, je tiens pour tout asseuré que tu donnerois à un besoin les Huguenots et Papistes aux protonotaires de Lucifer, et que tu fusses paisible roy de France. Aussy bien dit-on que vous autres roys n'avez guère de religion qu'en apparence. »

« Pour mon Dieu, monsieur mon ami, disait encore Chicot à son maître, gardez-vous de tomber

1. Alexandre Farnèse, gouverneur des Pays-Bas Espagnols venu une première fois en France en 1590, sur l'ordre de Philippe II, pour obliger Henri IV à lever le siège de Paris, était revenu en 1592, afin de le contraindre à lever le siège de Rouen.

entre les mains des ligueurs : car vous pourriez tomber entre les mains de tel qui vous pendroit comme une andouille, et puis feroit escrire sur votre potence : *A l'escu de France et de Navarre, céans a bon logis pour y demeurer à jamais.* Cela est dangereux pour le passage des vivres ». Malgré les fonctions qu'il remplissait à la cour, Chicot conserva toujours un goût particulier pour les combats : on le vit souvent couvert de sa cuirasse parcourir la campagne, et sa mort fut celle d'un soldat : en 1592 il se trouvait au siège de Rouen y fit prisonnier le comte de Chatigny, de la maison de Lorraine, et le présentant à Henri IV lui dit : « Tiens je te donne ce prisonnier qui est à moi. » Le comte désespéré de se voir pris par un homme tel que Chicot lui donna un coup d'épée dont il mourut quinze jours après.

« Dans cette fin, le bouffon disparaît pour ne plus laisser place qu'au vaillant serviteur d'un maître dont c'est l'honneur d'avoir fait naître autour de lui de tels dévouements. En lisant les détails d'une telle mort, on ne se douterait pas qu'il s'agit du successeur de Sibilot. Ce n'est pas ainsi que finissaient en général les bouffons [1]. »

1. Gazeau, *op. cit.*

MAITRE GUILLAUME

Ce bouffon, dont le nom est relativement peu connu, tint son emploi avec honneur. C'était un halluciné victime probable des idées religieuses de l'époque. « La manie du presche de son temps était très propre à donner des visions, les prédicateurs étant souvent aussi des visionnaires. — Outre les visions que son cerveau naturellement échauffé lui fournissait, il avait aussi celles que lui donnait quantité de tapisseries qu'il avait vues et, dit le cardinal du Perron, il avait été souventes fois aux sermons. »

Quand on interrogeait maître Guillaume qui était celui-ci, qui était celui-là, il avait des réponses très fines et certaines expressions qui lui étaient naturelles. Quand on disait quelque chose à Henri IV qui ne lui paraissait pas raisonnable, il renvoyait celui qui lui parlait à maître Guillaume.

Pendant sa vie et pendant plus de cinquante ans après sa mort, on a introduit maître Guillaume dans les satires de cour et d'État qui ont paru. Partout on lui fait faire le personnage d'un fou français.

ANGOULEVENT

Nicolas Joubert, sieur d'Angoulevent, eut une

certaine renommée sous les règnes d'Henri IV et de Louis XIII. Il portait le nom de prince des sots ou prince de la *sotie*, c'est-à-dire des fous.

Il appartenait en effet à la confrèrie qui, pendant le moyen âge, représentait les *mystères* ; il eut même un procès avec les comédiens de l'hôtel de Bourgogne, mais « il gagna sa cause contre les maistres de la confrèrie de la Passion et gouverneurs de l'hostel de Bourgogne pour la préséance et plusieurs profits et droicts pour ledict prince des sots prétendus. »

Si sous le règne de Henri IV, Angoulevent ne vit pas toujours ses plaisanteries réussir, il jouit en revanche d'une assez grande faveur près de Louis XIII. Ce prince aimait à s'entourer de bouffons qui le distrayaient de ses humeurs noires, dues à l'état de sa santé [1]. Il paraît même qu'il admettait des fous à ses conseils, si l'on s'en rapporte à ce mot de Sully : « Sire, lorsque le roi votre père, de glorieuse mémoire, me faisait l'honneur de me consulter sur les affaires de son

---

[1]. Louis XIII avait la santé la plus robuste. Mais les singuliers procédés de la science médicale du temps l'épuisèrent de bonne heure. En une seule année, Bouvart, son médecin, le fit saigner *quarante-sept fois,* lui fit prendre *deux cent douze* purgations et *deux cent quinze* lavements. L'infortuné prince mourut à l'âge de quarante-deux ans. Quelle constitution eut pu longtemps résister au traitement de ces « médecins de Molière ? » (Note de Gazeau.)

royaume, il commençait par faire retirer les bouffons et les baladins. »

Temps modernes

Le titre de fou perdait de son lustre à mesure que l'esprit s'étendait et que les plaisirs de la cour devenaient d'un goût plus fin et plus ingénieux. Le bal, le spectacle, le jeu réglé, des repas somptueux, un luxe élégant et délicat, écartèrent les sombres plaisirs, le penchant à rechercher des ressources contre l'ennui, dans les excentricités d'un malheureux privé de l'usage de la raison, amusements qu'on trouvait d'autant plus agréables qu'ils étaient moins d'accord avec le bon sens. Cependant nous avons vu des fous et des bouffons jusqu'à Louis XIII, et le dernier bouffon en titre d'office que nous trouvons est l'Angély, qui eut cette qualité sous Louis XIV.

Boileau a rendu un grand service à sa mémoire lorsqu'il a rappelé son nom dans sa première satire en disant :

> Un poète à la cour fut jadis à la mode.
> Mais des fous aujourd'hui c'est le plus incommode
> Et l'esprit le plus beau, l'auteur le plus poli,
> N'y parviendra jamais au sort de l'Angely [1].

---

[1]. Sat. I, v. 109 et suivants. Boileau le nomme aussi dans Sat. VIII.

L'ANGÉLY.

L'Angély avait été donné au roi par le prince de Condé, qui l'avait emmené à l'armée en qualité de valet d'écurie, et plus tard, l'ayant trouvé drôle, amusant, en fit son bouffon.

A la cour, l'Angély était redouté pour ses sarcasmes et ses railleries mordantes : et souvent on lui donna des sommes d'argent pour s'éviter le déplaisir d'être tourné en ridicule par lui. Cependant il fit tant, que de grands personnages plus rancuniers que les autres, intriguèrent et obtinrent le renvoi du bouffon qui dut aller méditer dans la retraite sur le danger que l'on court à piquer au vif l'amour-propre des grands.

D'après les portraits qui nous sont parvenus de ce personnage, c'était encore et comme toujours un rachitique. La tête surtout présente bien cette face ridée, cette face de vieillard, ce nez long et mal situé, la lèvre supérieure immédiatement au-dessous, presque sans espace, le menton de galoche..., etc.

De ce qu'il n'y eut plus de bouffon en titre à la cour, il ne faut pas cependant en conclure qu'ils avaient complètement disparu; les grands seigneurs, les princes du sang, avaient conservé près d'eux des gens dont le devoir était de les amuser et de les distraire.

Parmi les plus connus on cite *Maranzac*, qui après avoir appartenu au Dauphin, fils de Louis XIV, passa à sa mort au service de la duchesse de Bourbon-Condé ; la princesse s'amusait tellement de la balourdise de ce personnage, qu'elle le préférait, dit-on, à Fénélon et à Fontenelle : puis le fou du comte de Toulouse, un danseur bouffe, nommé Ballon, qui parut à la cour sous Louis XV.

Enfin, d'après le bibliophile Jacob, Marie-Antoinette aurait remis en honneur l'ancien usage royal : « Au château de Versailles, vivait encore il y a peu d'années, un vieillard en cheveux blancs, entouré de vieux meubles, de vieux tableaux, de vieilles friperies et d'une multitude de reliques des modes de Louis XVI, monuments du rôle qu'il avait joué sous ce règne. C'était le bouffon de Marie-Antoinette ; il nous montrait en pleurant quelques grains de café qu'il avait reçus de cette malheureuse reine à laquelle il dit alors : « Je regrette pour la première fois qu'une si grande reine ait la main si petite ».

Versailles, vide de ses rois, avait conservé un fou de cour, comme une ruine vivante de l'ancienne monarchie. « La révolution de 1789, continue Gazeau, dans un court résumé de l'histoire des bouffons, emporta les bouffons de cour et les bouffons domestiques avec toutes les autres institutions de l'ancien régime. Mais elle ne prétendit pas enlever au cœur de l'homme ce besoin de rire, de chercher des distractions aux tristesses de la vie, qui est comme le fond de l'humaine nature et surtout du caractère français. Les bouffons eurent donc des successeurs. Le monde du Directoire, si avide de plaisirs et de joies de toutes sortes, n'eut garde d'oublier un élément de gaieté consacré, pour ainsi dire, par l'usage des siècles. Les farceurs et les grimaciers, les Pantalon, les Gille, les Mizelin, parurent aux petits soupers des muscadins, des incroyables et de la jeunesse dorée du club de Clichy. Tallien et surtout Barras leur offrirent une large hospitalité, et plus d'un conquit la renommée, presque la gloire, dans les fêtes que présidaient les *Merveilleuses* et la plus célèbre de toutes, la belle Théresa Cabarrus, costumée à la grecque.

« Faisant de ses pieds nus craquer les anneaux d'or ».

BOUFFONS DES COURS ÉTRANGÈRES

Avec la Révolution de 1789, disparaît en France la charge de fou en titre d'office : mais avant de quitter cette rapide revue historique et anecdotique, il nous faut rappeler qu'à l'étranger les souverains et les grands seigneurs ont eu, eux aussi, des individus chargés spécialement de leur amusement et que de nos jours encore on trouve quelques pays où les fous font partie de la maison royale ou féodale.

Les documents précis sur leur caractère, leur nature, leur manière d'être, leur *habitus* nous font absolument défaut, ou pour être plus franc, nous sont inconnus, et ce n'est que par analogie que nous pouvons formuler une opinion à leur égard. Or, en colligeant tous les renseignements que l'on trouve çà et là dans les différents ouvrages modernes et dans les vieux manuscrits, nous croyons pouvoir affirmer autant que possible que ces individus ne différaient en rien de ceux dont nous avons tracé le portrait.

ANGLETERRE

Comme en France, les fous de cour en Angleterre avaient le droit de dire beaucoup de sottises sans offenser. Shakspeare, cet immortel génie, mit dans plusieurs de ses drames, des bouffons en scène : tel est entre autres, Trinculo, un des personnages de « la Tempête », Lancelot Jobbo, du marchand de Venise, Pierre de Touche, de « comme il vous plaira, » et le bouffon du « roi Léar ». etc, etc.

Celui-ci n'est pas à proprement parler un bouffon : c'est un conseiller fidèle presqu'un ami qui fait entendre au roi son maître des vérités... vraies, si on peut s'exprimer de la sorte, lorsqu'il lui dit par exemple « insensé qui se fie à la douceur d'un loup apprivoisé, à la santé d'un cheval, à l'amitié d'un jeune homme, ou aux serments d'une courtisane ! »[1] ou bien essayant de le distraire en lui débitant cette prédiction grotesque[2] :

> Quand le brasseur
> Et le prédicateur,
> L'un pour sermon, l'autre pour bière,
> Ne donneront que de l'eau claire ;
> Sur les modes du jour lorsque nos grands seigneurs
> En remontreront aux tailleurs ;
> Qu'on ne brulera plus que les trompeurs de filles,
> Ces fléaux de familles ;
> Quand tout plaideur aura raison ;
> Que nul fils de bonne maison
> Ne fuira le regard d'un créancier avide,

---

1. Acte III, sc. VI.
2. Acte III, sc. II.

Et que nul chevalier n'aura la bourse vide ;
Quand personne ne médira,
Qu'on n'aura plus à craindre une langue traîteresse ;
Quand nul filou ne se faufilera
Dans une foule au plus fort de la presse ;
Quant l'usurier, étalant son trésor,
En plein champ comptera son or ;
Quand on verra certaines demoiselles ;
Se cotiser pour bâtir des chapelles,
Lors règnera dans Albion
La plus grande confusion
Dont jamais on ait eu mémoire ;
Or vous saurez qu'en ce temps là,
Sur ma parole on peut m'en croire,
Et d'ailleurs qui vivra verra,
Sur ses pieds chacun marchera !

Il est évident qu'en introduisant des fous dans ses pièces, Shakspeare, n'a fait que se conformer aux mœurs de son temps :

Comme en France, les fous avaient un emploi à la cour. Mais la plaisanterie qu'ils employaient souvent à tort et à travers, sans discernement (Peut-on vraiment exiger du discernement de la part d'un fou !) tournait quelques fois très mal pour leur auteur :

Le fou du roi Henri III disait un jour à son maître : « Vous ressemblez au Christ. — Comment cela, dit Henri, tout joyeux d'une telle ressemblance ? — C'est, dit le fou, que le Christ avait en mourant tout autant d'esprit qu'en naissant, et vous, Monseigneur, vous avez aujourd'hui tout l'esprit que vous aviez en naissant. » — Le roi en courroux voulait le faire pendre, mais les valets se contentèrent de lui administrer une bonne correction.

WILL SUMMERS

Le plus connu fut un nommé *Will Summers*, fou de Henri VIII. Ce n'était pas un bouffon ordinaire, et d'après des documents authentiques, Gazeau a pu dire avec raison : « Summers était un homme de cœur et de jugement. Jamais il n'usa de son influence dans son intérêt personnel. Il gardait ses sarcasmes pour les courtisans corrompus, orgueilleux ou cupides. Ce qui honore surtout sa mémoire, c'est l'infatigable persévérance avec laquelle il ne cessa de demander à Henri VIII la grâce de son ancien maître, Richard Farmor [1] ; il parvint à l'obtenir, mais seulement à la fin de la vie du monarque ».

Deux documents nous ont transmis ses traits : le premier est un portrait de Holbein, qui nous le montre petit, tête grosse, membres longs, le tout dissimulé par de larges vêtements flottants, ayant un cor à la main et les lettres H. R. (Henricus rex), brodées sur sa poitrine, puis, une miniature

---

[1]. Richard Farmor, ayant en dépit des décrets, secouru quelques ecclésiastiques proscrits, avait été mis en accusation, dépouillé de ses biens et jeté en prison.

d'un psautier écrit par John Mallar, secrétaire et chapelain du roi [1].

ALLEMAGNE

Un des plus anciens monarques qui à notre connaissance ait eu un fou, est Christiern, roi de Danemark, ce fou est connu par le dévouement qu'il témoigna à son maître pendant sa captivité et prouva qu'il était loin d'être un sot.

Déposé en 1523, Christiern reprit les armes, échoua dans son entreprise et en 1532 fait prisonnier par Frédéric Ier, il fut conduit au château de Sonderborg, dans l'île d'Aden.

Le lieu où il était détenu était un cachot n'ayant qu'une petite fenêtre qui donnait passage à quelques faibles rayons de lumière et par laquelle on lui faisait passer ses aliments. Dès qu'il fut entré dans cette triste demeure avec son fou favori, seul compagnon de son malheur, la porte fut murée. Après avoir longtemps réfléchi aux moyens de faire connaître son affreuse position à sa fille, l'électrice Palatine, et à l'empereur Charles-Quint son beau-frère, il persuada à son fou de feindre une maladie et de solliciter un changement d'air

---

1. Salle de réunion de la Société des antiquaires à Londres et British Museum.

pour recouvrer la santé... Le fou exécuta la volonté du roi et fut transféré à la ville voisine. Là il échappa à la vigilance de ses gardes et se sauva... [1]

On connaît comme ayant eu des fous, Frédéric III, le bisaïeul de Charles-Quint, son fils Maximilien Ier. Les petites cours d'Allemagne qui se modelaient sur la cour impériale, avaient aussi leurs fous. Parmi les plus importantes citons surtout la cour des Électeurs, comtes Palatins du Rhin, dont le fou Perkeo servit d'amusement à l'électeur Charles-Philippe.

Ce Perkeo a une statue en bois à Heidelberg placée vis-à-vis du grand tonneau. Cette statue en bois peint nous donne bien idée du grotesque personnage qu'elle représentait.

ITALIE

L'Italie, alors dans toute la splendeur de la domination des papes, connaissait aussi les bouffons et l'on sait que les princes de l'Église avaient leurs nains et leurs fous en titre d'office, qui ne montraient guère plus de retenue que les bouffons laïques. « Le fameux pape Léon X, dans son

---

1. Les cours du Nord, ou mémoires originaux sur les souverains de la Suède et du Danemark, depuis 1766, par J. Ichen. Paris, 1820, pages 542 et suivantes, notes.

magnifique domaine de la Mallian à quelques lieues de Rome, après avoir chassé au faucon près de Viterbe ou pêché sur les bords du lac Bolsena, aimait à se reposer des fatigues du pontificat dans la compagnie de ces bouffons qu'il admettait à sa table, où ce pape d'un esprit si fin et si délicat prenait plaisir à voir leur gloutonnerie monstrueuse et à entendre leurs grossières facéties. Il en eût même à son lit de mort ».

ESPAGNE

On connaît ce fou que Philippe II avait amené avec lui à la cour de France pour montrer sans doute qu'il y avait à Madrid d'aussi bons fous que Brusquet : Brantôme nous apprend que Brusquet ne cessa de mystifier ce malheureux tout le temps qu'il fut à Paris : « Estoit un vray maigre Bouffon, avec sa guitterne et son braillement de chaussons à l'espagnolle, qui plaisait fort maigrement et ne paraissait rien auprès de Brusquet qui le trompoit tous jours. Le roy d'Espaigne l'envoya au roy pour lui rendre le change du sien qu'il luy avoit envoyé. Le roy le donna à Brusquet pour le gouverner, le loger et le traicter bien ainsy qu'on voit les grands princes à la cour venant en ambassade estre donnés et recommandés à autres grands princes, les grands seigneurs à autres grands seigneurs, les moyens à moyens, les évesques à évesques, les prélats à prélats, les ecclésiastiques moyens à autres moyens. Ainsy Brusquet bouffon eut charge de gouverner et entretenir l'autre bouffon : mais il le trompoit toujours... [1] »

« Ce bouffon avoit quatre chevaux chez luy. Brusquet les foisoit courir la poste la nuit par le premier courrier qui passoit sans que luy ni ses gens s'en advisassent, car il les faisoit bien boire et bien dormir après. Et quand il les voyait si maigres à force de courir, Brusquet lui faisoit accroire que l'eau de la rivière de Seine les maigrissait ainsy jusqu'à ce qu'ils l'eussent accoutumée deux mois, et que cela arrivoit coustumièrement à tous chevaux. Par cas, ce bouffon espagnol s'en advisa un matin, s'estant levé plus tost qu'on ne pensoit et que le postillon avoit un peu tardé ; et les voyant tout trempés, il se mit à s'écrier audict Brusquet : « *Como, cuerpo de Dios, Brusquet ! mis cavallos todos son bânados y mojados. Juro a Dios que han corrida la posta :* » Mais Brusquet l'apaisa en luy disant qu'ils s'estoient couchés dans l'eau en allant boire. Bref il le trompoit en toutes façons et toujours. »

« Mais la meilleure fut que le roy Henry avoit donné à ce bouffon une fort belle chaîne d'or qui

---

1. Brantôme, *op. cit.*

pesoit trois cents écus. Brusquet en fit faire une toute pareille de lêton et la fit bien dorer et subtilement avec trois ou quatre touches, la change avec luy, se carrant aussi bien de la meschante que de la bonne. Et quand ce bouffon partit pour s'en aller en Flandre, Brusquet escrivit une lettre au roy Philippe, bien fort plaisante et remplie de toutes les naïvetés qu'il avoit fait à son bouffon, que c'estoit un fat et un sot, et qu'il le fit foitter à sa cuysine pour s'estre ainsi laissé tromper de la chaisne : et luy en conta toute l'histoire. Mais le roy Henry l'ayant reçu n'en fut pas trop content, cuydant qu'on pensast que lui-même luy eust donnée telle pour se mocquer : et pour ce luy commanda de la renvoyer et radouber bien le tout ; ce qu'il fist, et le roy le recompensa bien d'ailleurs. »

Paep Theim, le fou belge de Charles-Quint, joue son rôle avec une telle impudence, que l'empereur dut sévir à différentes reprises et finalement l'exiler [2].

RUSSIE

Les documents sur la cour de Russie sont plus complets : nous savons qu'au XVIᵉ siècle, la cour

---

1. Brantôme, *op. cit.*
2. A. Pichot. Charles-Quint, p. 206. Paris, 1854.

féminine était absolument séparée de celle du tzar. La maison de l'épouse d'Alexis se composait d'environ trois cents femmes.

Parmi les boyarines de souche noble, dames d'honneur de la souveraine, il y avait de jeunes campagnardes que la czarine appelait ses cousines ou ses sœurs, il y avait aussi des *folles, des nains, des naines, des bouffons*, des nègres et des négresses, de jeunes Kalmouck aux yeux bridés, au nez retroussé, des vieillards aveugles qui chantaient les poèmes épiques de la Russie légendaire ou contaient des histoires de princes amoureux, de sorciers, d'enchanteurs, de vampires..., etc.

Voltaire nous fait connaître que Pierre le Grand avait des fous parmi sa suite, dans un voyage qu'il fit en Europe en 1697. De retour en Russie, au commencement de 1703, ce prince célébra avec pompe le mariage de l'un de ses bouffons. Plus tard il recommença une fête de ce genre dont le cérémonial fut le plus bizarre.

«... Sotof avait quatre-vingt-quatre ans. Le tzar imagina de lui faire épouser une veuve de son âge et de célébrer solennellement cette noce. Il fit faire l'invitation par quatre bègues. Des vieillards décrépits conduisaient la mariée. Quatre des plus gros hommes de Russie servaient de coureurs. La musique était sur un char conduit par des ours qu'on piquait avec des pointes de fer et qui par leurs mugissements, formaient une basse digne des airs qu'on jouait sur le chariot. Les mariés furent bénis dans la cathédrale par un prêtre aveugle et sourd à qui on avait mis des lunettes. La procession, le mariage, le repas des noces, le déshabillé des mariés, la cérémonie de les mettre au lit, tout fut également convenable à la bouffonnerie de ce divertissement... ».

«..... En 1718, Pierre le Grand, raconte encore Voltaire avait à sa cour un vieux fou, nommé Sotof qui lui avait appris à écrire et s'imaginait avoir mérité par ce service les plus importantes dignités. Pierre, qui adoucissait quelques fois les chagrins du gouvernement par des plaisanteries convenables à un peuple non encore réformé entièrement par lui, promit à son maître à écrire de lui donner une des première dignités du monde. Il le créa pape avec deux milles roubles d'appointement et lui assigna une maison à Pétersbourg, dans le quartier des Tartares. Des bouffons l'installèrent en cérémonie, il fut harangué par quatre bègues il créa des cardinaux et marcha en procession à leur tête. Tout ce sacré-collège était ivre d'eau-de-vie..... [1] ».

Les bouffons survécurent à Pierre le Grand. Anne Ivanowana, qui régna de 1730, à 1740, s'en-

---

1. Voltaire, Histoire de Russie, IIe part. chap. XIV, t. IX.

toura de fous et alla même jusqu'à obliger les grands seigneurs à jouer le rôle de bouffons malgré eux. Cette fonction était tellement méprisée, que, plus d'une fois, le masque et l'emploi de bouffon servit à avilir, à faire tomber dans le ridicule, à écraser les puissants du jour qui avaient eu le malheur de déplaire à leur souveraine ou à ses favoris. « Déjà réduit à la honteuse condition de *fou* de cour par l'impératrice de Russie pour avoir quitté la religion grecque et embrassé le catholicisme, le prince Galitzin est contraint par cette princesse à épouser une lavandière après la mort de sa première femme. L'Impératrice voulut que la première nuit de noces fut passée dans un palais de glace, sur un lit de la même matière : l'hiver était des plus rigoureux : les deux époux furent promenés par la ville dans une cage portée par un éléphant, des dignitaires de toutes les parties de la Russie et des peuples conquis marchaient à leur suite revêtus de leurs costumes nationaux et portés par des chameaux ou traînés par des bœufs, des chiens, des boucs et même par des cochons... [1] »

D'autres fois le masque de bouffon venait encore ajouter à l'infamie et à la haine qui poursuivait un homme même après sa mort.

... « Lorsque Otrepief, qui se fit passer pour le

1. V. Tissot. — La Russie et les Russes. Paris 1882.

Czarewicht Dimitri, cet aventurier, moine défroqué, qui sous le règne de Boris Godounof avait fait assassiner Dimitri pour s'assurer du pouvoir, Otrepief après une fortune inouïe, parvenu à se faire proclamer tzar à Moscou dont il s'était emparé, ne tarda pas à perdre l'affection du peuple et des boyards par le mépris qu'il affectait pour la religion orthodoxe et les mœurs russes..... Un mois après son entrée au palais du Tereni, Otrepief fut précipité d'une fenêtre et égorgé par les boyards. On exposa son cadavre sur la place Rouge avec un *masque de bouffon* sur la figure, puis on brûla son corps, et ses cendres dont on chargea un canon, furent dispersées au vent [1]... »

Sous le règne de la grande Catherine (1764-1796.), les bouffons furent en grande faveur à la cour, dont ils faisaient en quelque sorte partie intégrante : c'était sur les caisses de l'Etat que les favoris les payaient et il arriva même que pour récompenser leur bouffon, on leur donna une fonction qui aurait dû être réservée aux hommes les plus sérieux, aux hommes les plus dignes : « Lorsque Catherine publia la fameuse instruction de son code, qui lui valut par avance le nom de *Législatrice du Nord*, Catherine fit convoquer les députés des différentes nations de son vaste empire, et ce ne fut que pour leur

---

1. V. Tissot, Ouv. cit.

faire entendre sa lecture et recevoir leurs compliments, car aussitôt qu'ils eurent rendu cet hommage, on les renvoya chacun chez eux : les uns disgraciés à cause de leur fermeté, les autres décorés à cause de leur bassesse. Le manuscrit de Catherine fut enfermé dans une cassette précieuse pour être montré aux curieux.

On laissa une espèce de comité pour s'occuper de la rédaction des lois, et lorsque les favoris ou les ministres eurent quelques protégés dont ils ne savaient que faire, ou un *bouffon* qu'ils voulaient entretenir sans qu'il leur en coûtât rien, ils le faisaient nommer membre de ce comité, pour lui en faire tirer les appointements. L'auteur de ce mémoire a connu un certain Métrophane Papow, *bouffon*, bigot et explicateur des songes d'une dame de la cour, qui était membre de cette commission ! Il n'avait jamais entendu parler de l'instruction pour le code et n'était pas en état de la lire [1] !...

Les folles non plus n'étaient pas inconnues à la cour de Russie, ainsi qu'il résulte du passage suivant :

---

1. L'instruction de cette préface est fidèlement tirée de Montesquieu et de Bédaria, que M. F. de B. qui s'était chargé de la traduire, ne crut pouvoir mieux faire qu'en copiant le texte de ces fameux écrivains. (Note de l'auteur des *Mémoires secrets sur la Russie.*)

.... « Catherine avait formé avec ses favoris et ses courtisans et ses dames affidées une société plus intime : cette société se réunissait deux ou trois fois la semaine sous le nom de *Petit hermitage.* On y était souvent masqué et il régnait la plus grande privauté.

... « L. Narischkin y faisait le même rôle que Roquelaure à la cour de Louis XIV, et *une folle en titre,* nommée Matrona Danilowna, le secondait : c'était une vieille radoteuse dont tout l'esprit consistait à dire les polissonneries les plus saugrenues. Comme elle avait le droit qu'ont tous les fous, celui de tout dire, elle était accablée de cadeaux par les bas courtisans.... [1] »

Enfin, ainsi que nous l'avons dit dans des pages précédentes, dans certains pays de l'Orient, dans la petite Russie, la Turquie, l'Afrique..., etc. il existe encore de nos jours des nains qui jouent le même rôle, remplissent les mêmes fonctions que leurs ancêtres. Pour compléter l'analogie et prouver combien ces nations sont demeurées les fidèles gardiennes de la tradition, et ont su résister aux lumières de la civilisation, on y trouve également des fous.

Les princes et les hauts personnages des pays du Caucase, de la Mingrélie, par exemple, ont des

---

1. *Mémoires secrets sur la Russie.*

bouffons comme en ont eu Pierre le Grand, Anne Ivanowna, Catherine II..., etc [1].

AFRIQUE

— Pour ne citer que le fait le plus récent, nous aurons recours aux documents d'un grand voyageur moderne Serpa Pinto qui de 1877 à 1878 a traversé l'Afrique de l'Océan Atlantique à l'Océan Indien. Cet explorateur rapporte qu'au Bihé, état nègre situé à une assez grande distance de Saint-Philippe de Benguela et de la côte de l'Atlantique, le *Sova* ou souverain a un fou. « Le fou dit-il, est le complément indispensable de la cour de tous les *Sovas* et même de tous les *Secoulos* ou nobles qui jouissent de quelque richesse ou de quelque puissance. C'est le fou qui doit nettoyer la porte de la demeure du Sova ainsi que les alentours..... [2] »

Les bouffons des princes de ces régions encore peu connues, sont presque tous de petite taille. Nous en avons suffisamment parlé dans notre chapitre des nains nous n'y reviendrons donc pas.

1. Carla Serena. — De la mer Noire à la mer Caspienne, 1875-1876.
2. Serpa Pinto. — Comment j'ai traversé l'Afrique de l'océan Atlantique à l'océan Indien, 1877-1878. — In Tour du Monde, 1881.

Ici nous terminerons ce que nous avions à dire relativement à l'histoire des bouffons. Les pages précédentes prouvent surabondamment combien nous étions fondés pour rendre à ces individus le rang qui leur appartient dans la société .. pathologique.

Influence de certains états morbides sur le développement de l'intelligence chez quelques imbéciles, idiots, etc.

Dans l'étude que nous avons présentée au commencement de ce travail, nous avons cherché à donner l'explication véritable, rationnelle de l'état spécial de ces individus, état qui les faisait rechercher à titre de jouet et pour servir d'amusement aux rois et à leur cour. Nous avons vu la liberté dont ils jouissaient, la position, que l'on pourrait appeler sociale, qu'ils occupaient..., etc. Mais jusque-là, faisant abstraction de son infirmité congéniale, nous avons considéré le bouffon comme parfaitement sain de corps, ayant un esprit approprié à son développement physique. Or, il faut admettre cependant que cet être, tout difforme qu'il soit, n'en est pas moins sujet, tout comme les autres hommes, à des affections physiques de diverse nature, à des maladies soit aiguës, soit chroniques. Il se produit dans ce cas un phénomène remarquable, sur lequel nous devons insister, bien que malheureusement il n'ait pas lieu constamment.

On a vu des imbéciles, des simples d'esprit, des idiots..., etc., dont l'esprit était jusque-là très borné, retrouver sous l'influence d'une maladie aiguë accidentelle, d'une émotion morale puissante, d'une passion vive, une intelligence qui jusque-là était restée à l'état latent et briller alors d'un grand éclat.

Il n'y a pourtant pas lieu de crier « au miracle » comme on l'a fait: ordinairement c'est un simple phénomène de substitution, ainsi qu'on pourra le voir par les quelques exemples que nous citerons. Nous irons même plus loin en disant que ces transformations, quelque extraordinaires qu'elles paraissent, un observateur attentif peut les prévoir et les annoncer : il en découvre les indices dans les modifications qu'il voit s'opérer dans l'état général, la cessation brusque ou graduée de certains phénomènes morbides, tels qu'accidents convulsifs, état chloroanémique, réapparition d'exanthèmes..., etc.

Dans une fièvre aiguë, alors qu'un afflux de sang plus considérable se fait vers les centres nerveux, imprimant aux fonctions de ces organes plus d'activité, il n'est pas rare de voir le fonctionnement intellectuel acquérir un degré d'énergie et d'expansion extraordinaire : « Dix vibrations au lieu de cinq, dit Broussais, dans un temps donné, peuvent transformer un homme ordinaire en un prodige, en ranimant la mémoire qui fournit à l'intelligence les matériaux qu'elle retrouvait difficilement... N'est-ce pas, ajoute-t-il, quelques lignes plus loin, à ces sortes de modifications que sont dus les développements subits des facultés les plus relevées chez les hommes qu'on croyait condamnés à une triste médiocrité[1] ? »

Cabanis[2], qui a fait une étude si remarquable et si complète de l'influence du physique sur le moral, n'a pas omis de signaler également la réaction de la maladie sur l'intelligence. « A mesure, dit-il, que l'accès de chaud s'établit, les extrémités nerveuses sortent de leur engourdissement : les sensations naissent et se multiplient : elles peuvent même devenir fatigantes et confuses par leur nombre et leur vivacité. En même temps tous les foyers nerveux et notamment le centre cérébral, acquièrent une activité surabondante. De là, cette espèce d'ivresse, ce désordre des idées, ces délires qui prennent différentes teintes, à raison des organes originairement affectés..... La fièvre lente qui se joint à certaines inflammations, mais qui ne se trouve compliquée d'aucune altération grave, ou spasme durable des

1. Broussais. — De l'irritation et de la folie, deuxième édition. Paris, 1839, t. II, p. 466 et 467.
2. Cabanis. — Rapports du physique et du moral, §§ VII et IX édit. Peisse, Paris 1844 p. 321. Libr. J. B. Baillière.

viscères abdominaux et du centre phrénique, bien loin d'aggraver le malaise, le dissipe presque toujours : elle est presque toujours accompagnée d'une action plus libre et plus facile du cerveau, que la circulation accélérée des humeurs *stimule* et ranime.

« Toutes les affections sont heureuses, douces et bienveillantes. Le malade paraît être dans une légère ivresse qui lui montre les objets sous des couleurs agréables et qui remplit son âme d'impressions de contentement et d'espoir... Ces maladies développent pour ainsi dire, tout à coup, les facultés morales des enfants : elles éclairent leur esprit d'une lumière précoce ; elles leur font sentir, avant l'âge, et dans un court espace de temps, comme en dédommagement de la vie qui leur échappe, les plus touchantes affections du cœur humain. »

« Il faut encore signaler, dit-il encore plus loin, ces maladies aiguës singulières dans lesquelles on voit naître et se développer tout à coup des facultés intellectuelles qui n'avaient point existé jusqu'alors ; car si les fièvres graves altèrent souvent les fonctions des organes de la pensée, elles peuvent, aussi, leur donner plus d'énergie et de perfection : soit que cet effet, passager comme sa cause, cesse immédiatement avec elle, soit que les révolutions de la maladie amènent, ainsi qu'on l'a plusieurs fois observé, des crises favorables qui changent les dispositions des organes des sens ou du cerveau et qui transforment, pour le reste de la vie, un imbécile en un homme d'esprit et de talent. »

Ces transitions, pour ainsi dire brusques, succédant à une affection aiguë, n'ont point échappé à certains observateurs. Dès les temps les plus reculés, on avait déjà constaté le rôle que jouent les affections aiguës et l'influence qu'elles exercent sur les affections mentales de quelque nature qu'elles soient.

Sans vouloir remonter à Hippocrate, dont l'aphorisme *Febris spasmos solvit*, pourrait, si l'on veut, être cité à l'appui de cette opinion, nous devons rappeler un homme dont le nom fait autorité en pareille matière, un homme dont les travaux, eu égard surtout à l'époque où ils furent conçus, sont un trait de génie, une véritable prescience.

Lorry (1727-1783), indique dans un chapitre spécial les heureux résultats, dont il a été quelquefois témoin, que produisent les maladies aiguës ou même une simple modification physiologique d'une grande puissance, sur les facultés intellectuelles dans le cours d'affections mentales.

Pinel et Georget ne font également que signaler ces métamorphoses sans en tirer de conclusion.

Il faut arriver à Esquirol qui, avec son merveilleux talent d'observateur, ne laissait rien échapper, pour trouver dans son immortel traité des maladies mentales quelques passages malheureusement trop courts sur ce sujet.

Mais n'est-ce pas là un fait que nous avons déjà signalé[1]? N'avons-nous pas vu parfois exister chez l'enfant une sorte de paresse, une sorte d'engourdissement intellectuel, qui leur rendait le travail sans attrait, pénible, impossible même? N'avons-nous pas vu de véritables métamorphoses, de singulières transformations s'opérer brusquement? N'avons-nous pas signalé des enfants qui après avoir langui dans leurs classes, sans disposition, sans goût pour le travail, se montrent tout à coup pleins d'ardeur et déploient des aptitudes qu'on n'aurait pu jusque-là soupçonner chez eux?

Et quelle est la cause de ces phénomènes? Les progrès de l'âge, l'établissement de la puberté, une maladie aiguë.

Eh bien, ce que nous observons chez des enfants qui ont toujours joui d'une bonne santé morale, on l'observe également et dans une forme bien plus saisissante chez les enfants primitivement mal organisés, dont les fonctions cérébrales ont, dès la naissance ou peu après éprouvé des

---

[1]. Paul Moreau (de Tours). De *l'homicide commis par les enfants.* Paris, Asselin, 1882.

perturbations plus ou moins graves, chez les idiots et les imbéciles, par exemple.

Il n'est pas rare de voir tel ou tel petit malheureux dont l'intelligence avait jusqu'alors à peine donné signe de vie, secouer tout à coup l'espèce d'engourdissement dans lequel il était plongé, se montrer actif, pétulant même, désireux d'apprendre. La nature avait cessé d'être réfractaire et dès lors, mais seulement à partir de ce moment, on pouvait espérer lui voir acquérir certaines connaissances relatives.

Pour les idiots proprement dits, les explications précédentes sont insuffisantes. Certes les fièvres qui déterminent ce que Broussais appelle des « *Erections vitales morbides* » peuvent bien en certains cas produire les phénomènes curieux que nous signalons, mais le plus souvent, il faut davantage. C'est donc à d'autres causes qu'il a fallu s'adresser et parmi elles la plus logique, la plus naturelle, selon nous, est tirée de l'anatomie pathologique.

Remontant à la source et signalant la conformation hydrocéphalique du crâne, mon père dit[1] : « A quelle lésion ou condition anatomo-pathologique se rattachent la conformation particulière en même temps que l'exagération de volume du crâne que nous venons d'indiquer? à un œdème

1. J. Moreau (de Tours) **Psychologie morbide**, p. 59.

du cerveau ? à des épanchements de sérosité dans les diverses cavités de l'encéphale dans les méninges ? ou bien à un développement exagéré et véritablement hypertrophique de la totalité de la masse cérébrale ?

Ayant devant les yeux les résultats d'un certain nombre d'autopsies, nous nous déclarons sans réserve pour la dernière de ces opinions. Nous admettons, en même temps, la fréquence des épanchements séreux, principalement dans les ventricules latéraux.

L'ampleur et la forme irrégulière du crâne, chez certains idiots proviennent donc, suivant nous, d'une part, de l'accroissement supra-normal de la substance du cerveau, de l'autre, d'une sécrétion séreuse trop abondante, phénomènes organiques dépendant d'une vitalité excessive et désordonnée et dont le second, en vertu de la loi physiologique qui régit le développement des organes, est la conséquence du premier.

Ces faits, du reste, s'accordent avec certaines particularités psychologiques que présentent la plupart des idiots ou plutôt des futurs idiots : Nous voulons parler de cette précocité d'esprit, de cette évolution hâtive des facultés intellectuelles et morales, qui, d'ordinaire, précèdent l'arrêt subit ou la dégradation lente et graduée de ces mêmes facultés, et qui sont pour les parents la source de si cruels mécomptes. Nous entendons parler encore d'un autre phénomène psychologique, qui est comme la contre-partie de celui-ci : à savoir : le développement inattendu, brusque ou lent des facultés chez des sujets qui, jusque-là, s'étaient montrés d'une faiblesse d'esprit désespérante et touchant de près à l'idiotie confirmée.

Voici en effet, comment il serait possible, suivant nous, de faire marcher de pair et les phénomènes physiques et les phénomènes intellectuels :

Dans le premier cas, au développement excessif, et prématuré du cerveau, suivi d'épanchement séreux, correspond la précocité d'esprit suivie de l'arrêt et même de l'annihilation des facultés morales.

Dans le second cas, le développement de ces facultés succédant à un état d'inertie physique et morale, s'expliquerait par la résorption rapide ou lente de la sérosité.

Il est bien entendu que nous n'attachons pas autrement d'importance à ces explications : Nous tenons aux faits avant tout : surtout lorsque ces faits ont l'appui des plus graves autorités.

Ainsi Van Swieten déclare que si le rachitisme peut, dans certains cas, se compliquer d'hydrocéphalie, il faut cependant se garder de croire

INFLUENCE DE CERTAINS ÉTATS MORBIDES 247

que la grosseur du crâne soit un indice constant d'épanchement séreux...

Un grand nombre d'auteurs qui ont fait une étude spéciale de la question, Levacher, Mayow, Hoffmann... entre autres, sont du même avis que Van Swieten. »

Les exemples de ces faits ne sont pas rares, et les médecins d'asile, surtout ceux qui ont à traiter ces malheureux êtres, en peuvent citer de nombreux exemples.

Un des cas les plus curieux, et qui se rapporte directement à notre sujet, est le suivant :

A Cordoue, le fou du roi fut pris d'une fièvre maligne; vers le milieu de cette maladie il fit preuve d'un jugement si sain, d'une si grande perspicacité d'esprit, que toute la cour admira le changement opéré dans ses facultés intellectuelles. Cet homme se distingua ensuite pendant tout le reste de sa vie par une rare sagacité [1].

Le même phénomène *se serait* passé à l'égard du fameux Triboulet, mais le fait n'est pas prouvé ; néanmoins voici ce que nous apprend le bibliophile Jacob, dans son histoire du temps de François Ier. « Le célèbre fou de François Ier,

---

1. Calmeil. — *De la folie considérée sous le point de vue pathologique, philosophique, historique et judiciaire depuis la renaissance des sciences en Europe jusqu'au XIXe siècle* Paris 1845, t. I, p. 399.

Triboulet, devint tout à coup, d'idiot et d'imbécile qu'il était, bouffon spirituel, amusant, et par dessus tout, expert courtisan. Il était de petite taille, contrefait et François Ier s'étonnait « comment si gentil esprit fut logé dans si vilain corps. » Il avait une tête énorme avec de prodigieuses oreilles sous un front bas et étroit. Sa poitrine plate et creuse, son dos taillé en voûte, ses jambes courtes et torses, ses bras longs et pendants, amusaient les grandes dames comme s'il se fut agi d'un singe ou d'un perroquet.... »

On a vu, dit Tissot [1], un jeune homme à qui son précepteur n'avait jamais rien pu apprendre et qui ne savait pas, joindre comme on dit, l'adjectif à son substantif, parler latin sans hésiter, après quelques jours de fièvre maligne, réciter des choses qu'il n'avait jamais sues et développer des idées qui jusque-là ne l'avaient point frappé.

Olaüs Borrichius [2] raconte également qu'un jeune homme d'un esprit lourd et indocile aux leçons d'un précepteur fut atteint d'une fièvre maligne. Le troisième jour, sans nulle apparence du délire, il raisonnait sur le mépris de la mort, sur la fragilité de la vie, sur le néant des choses

---

1. S. A. Tissot. *Des nerfs et de leurs maladies*, p. 133.

2. Borrichius, savant Suédois, 1626-1690, enseigna la médecine et la chimie à Copenhague.

périssables de ce monde, avec tant de bon sens qu'on l'aurait cru animé de l'esprit de Sénèque.

Pour observer un pareil résultat, c'est-à-dire pour assister au réveil brusque des facultés intellectuelles jusqu'alors endormies ou absentes, point n'est toujours besoin d'une affection physique, ou pour mieux dire d'une affection se manifestant par des caractères physiques, d'un mouvement fébrile.

Les névroses proprement dites, les délires, peuvent produire les mêmes phénomènes.

Ceci est un fait connu de tous, et depuis longtemps déjà : « On voit, dit Cabanis, dans quelques maladies extatiques et convulsives, les organes des sens devenir sensibles à des impressions qu'ils n'apercevaient dans leur état ordinaire, ou même recevoir des impressions étrangères à la nature de l'homme.

J'ai souvent observé chez des femmes, qui sans doute eussent été d'excellentes Pythonisses, les effets les plus singuliers des changements dont je parle. Il est de ces malades qui distinguent facilement à l'œil nu des objets microscopiques, d'autres qui voient assez nettement dans la plus profonde obscurité pour s'y conduire avec assurance... etc. [1]. »

---

[1]. Cabanis. *Rapports du physique et du moral de l'homme*, 8º édition, Paris 1844, p. 328 et 329. Librairie J.-B. Baillière.

Franck rapporte le fait d'une jeune fille qui, durant ses attaques, faisait preuve d'une intelligence qu'on ne lui eut pas soupçonnée auparavant, discourant avec une merveilleuse facilité sur les sujets élevés.

Un autre malade écrivait des lettres en grec, en latin, beaucoup plus correctement qu'il n'eût pu faire dans une autre situation.

Tissot connaissait plus d'un fait pareil à ceux que nous venons de citer. On a des exemples, dit-il, de personnes stupides qui étant dans le délire, raisonnaient avec justesse, parlaient avec éloquence, faisaient avec les sujets qu'on leur proposait des vers très justes et très naturels.

D'après le même auteur, Huarte [1] parle d'un paysan fort grossier que la frénésie rendit excessivement éloquent, et du page d'un seigneur espagnol très borné et très ignorant à qui la maladie donna les plus belles connaissances. Fernel parle aussi d'un page de Henri II, très ignorant, qui étant tombé malade, parlait bon grec, et l'on peut s'en fier à Fernel. Erasme vit un italien parler dans les accès d'une maladie, l'allemand qu'il n'avait jamais appris, et j'ai vu moi-même, dit Tissot [2], en 1766, une fille du

---

1. Huarte, *Examen des esprits*, ch. IV.
2. Tissot. *Des nerfs et de leurs maladies*, p. 133.

peuple, du bon sens le plus commun, âgée de 24 ans, sujette à de fréquentes et fortes convulsions qui produisaient des effets bien différents. Quelquefois elles la laissaient dans une sorte de léthargie complète pendant trois ou quatre jours : d'autres fois il lui restait après l'accès une force d'imagination et de mémoire et une volubilité de langue étonnantes : elle mettait dans ses discours une multitude d'idées fortes et d'images frappantes : elle récitait un grand nombre de morceaux de prose ou de vers français qu'elle n'avait jamais su ; elle parlait même quelquefois en latin, mais rarement et peu. Au bout de quelques jours elle retombait dans son état naturel qui était d'être très bornée et peu instruite ; il n'y avait ni exagération, ni fraude, ni intérêt, ni but : c'était une pauvre fille dont les parents affligés, mais honnêtes et fort éloignés de penser à faire du malheur de leur fille un objet de gain pour eux me consultaient sur son état qui avait été suivi et bien attesté par deux hommes très éclairés et très véridiques... »

On trouve dans les observations de Wepfer [1], celle d'une jeune fille qui dans des accès de délire spasmodique chantait des chansons qu'elle ne

---

1. Wepfer *Observationes medico practicæ de affectibus capitis internis et externis*, Turici 1745. *Observ.* 115, *p.* 537.

savait pas auparavant, dans des langues qu'elle ignorait[1].

« L'on a des exemples de personnes stupides qui, étant dans le délire, raisonnaient avec justesse, parlaient avec éloquence, faisaient sur les sujets qu'on leur proposait des vers très justes et très naturels. »

Parfois, on a vu une passion vive produire les mêmes transformations. Nous n'en citerons qu'un exemple observé par Tissot : « J'ai connu un jeune homme qui âgé de plus de vingt ans paraissait encore si pesant qu'il aurait été le jouet de la société, si sa bonté et sa douceur avaient permis qu'on en fît un jouet. Ignorant autant qu'on peut l'être, il ne parlait que pour dire des choses honnêtes, il est vrai, mais toujours triviales, ou il ne parlait que des choses les plus communes. Il s'attacha à une Espagnole de la figure la plus agréable, mais qui ne savait pas un mot de français et paraissait fort peu soucieuse de l'apprendre. Au bout de trente-cinq jours il pouvait converser en espagnol ; au bout de deux mois il avait lu et relu tout *Don Quichotte* et une multitude de pièces en cette langue. Sa conversation devint absolument méconnaissable ; il y mettait

---

1. De Saint-André. — *Sa lettre au sujet des maléfices et des sorciers, où il fait voir que les démons n'y ont souvent aucune part.* Paris 1725.

du feu, de la chaleur, des idées, sa physionomie n'était plus la même, ses facultés engourdies prirent le grand essor. Je le laissai au bout de quinze mois complètement métamorphosé, je l'ai revu au bout de quelques années un homme véritablement intéressant et instruit. »

« Mais, des changements de cette espèce, le plus frappant, sans doute, est celui de Quentin : il avait exercé depuis vingt ans la profession de maréchal à Anvers sous le nom de Mésius ; aussi il n'était pas bien jeune quand il devint amoureux de la fille d'un peintre qui la lui refusa et jura de ne la donner qu'à un peintre ; il quitta le marteau pour le pinceau et fut bientôt si bon peintre que le père lui donna sa fille avec grand plaisir ; il parvint à une grande célébrité, et les tableaux qui restent de lui sont encore précieux. » [1]

Nous nous arrêterons ici : ce que nous avons dit précédemment, les exemples que nous avons donnés et que nous aurions pu multiplier à l'infini, suffisent croyons-nous pour justifier l'idée, l'assertion que nous avons émise, à savoir que les maladies aiguës, les maladies du système nerveux en particulier, favorisaient puissamment le développement de l'intelligence. Nous l'avions déjà fait pressentir en parlant des affections rachi-

1. S. A. Tissot. — *Des nerfs et de leurs maladies*.

tiques et scrofuleuses. Nous l'avons complété en parlant des imbéciles et des idiots.

« Tous ces faits, dit Tissot dans un magistral résumé [1] tous ces faits, et tous les autres de cette espèce que l'on cite, et que l'on pourra observer à l'avenir, ne tiennent ni aux miracles ni à la magie : la simple disposition du *sensorium*, changée par la maladie, opère tous ces effets. Des impressions reçues précédemment mais faibles et incapables d'opérer aucun effet sur un *sensorium* peu mobile, acquièrent une nouvelle force, parce qu'il acquiert une organisation plus exquise, plus facile, mieux jouante : comme tel poids qui n'opérait aucun mouvement pendant qu'il était attaché à une machine rouillée, lui donne la plus grande action dès qu'elle est repolie. Tout ce que le premier écolier, tout ce que les pages avaient entendu dans le cours de leur éducation, souvent très soignée, n'avait pas fait une impression assez forte pour leur être resté présent ; mais par le changement heureux arrivé dans leur organisation, ces légers vestiges se trouvent plus efficaces, et ils opèrent les plus grands effets. Il en est de même de la fille dont j'ai parlé : des morceaux qu'elle pouvait avoir

---

1. Tissot. — *Des effets de la forte tension de l'âme et de ceux de l'imagination :*

entendus dans les maisons où elle avait servi, des phrases latines aperçues en s'occupant à quelque service dans une chambre où on donnait une leçon, quelques morceaux de poésie entendus dans les mêmes circonstances, des prières qu'on avait voulu lui apprendre, mais qu'elle n'avait pas retenues, qu'elle ne saura même plus quand l'accès sera passé, des fragments de sermon, reparaissent alors avec force. La malade de Wepfer avait entendu toutes les chansons qu'elle chantait dans ses délires, mais les vestiges qu'elles avaient laissés n'étaient pas suffisants avant la maladie pour les rappeler. Quelquefois même il a pu arriver que la maladie ait opéré tous ces faits, qui paraissent si étonnants, uniquement en détruisant cette extrême timidité qui enveloppe, qui tue en quelque sorte toutes les facultés, et en donnant cette hardiesse qui les développe, qui les vivifie, je dirai presque qui les crée. J'ai vu il y a dix-huit ans, un étranger alors âgé de dix-neuf ans, qui avait du génie, des connaissances, de l'honnêteté, mais froid, timide, taciturne, hypochondre, parlant peu, ne contant rien, ne riant jamais, qui dans la convalescence d'une fièvre maligne très longue, acquit une vivacité, une gaieté, une volubilité singulières; il parlait beaucoup, avec feu, avec assurance, avec la plus grande justesse et la plus grande gaieté:

Je ne l'ai jamais ouï conter plus plaisamment, plus rapidement et plus agréablement.

L'organisation d'un sot n'est pas celle de l'homme de génie : mais que la maladie varie cette organisation, pourquoi le pâtre grossier ne pourrait-il pas acquérir la sagacité, la force, l'éloquence de Démosthène, comme Démosthène peut passer à la plus complète imbécillité ?

SIMULATEURS

Nous avons vu dans le chapitre précédent que tous les fous ne furent pas des imbéciles et qu'il y eut des cas où ils pouvaient être considérés comme des êtres normaux... dans leur genre. En d'autres termes, ces êtres atteints de rachitisme, de crétinisme physique, de névropathies diverses avec les caractères propres à ces sortes de maladie, tout en présentant un esprit naturellement enclin à la méchanceté, à la raillerie, simplement comme le dit si bien Victor Hugo « parce que tous les hommes ne portent pas comme eux une bosse sur le dos, » jouissaient cependant d'une dose d'intelligence suffisante pour leur permettre de vivre dans la société.

Il nous faut subir jusqu'au bout les conséquences de cette hypothèse, et c'est à ce titre qu'il nous est donné de signaler parmi eux l'existence de Simulateurs, qui surent mettre à profit leur position à la cour pour faire une grande fortune.

Poussés par l'envie, par le désir de parvenir, plusieurs surent jouer un rôle souvent difficile et tourner à leur profit la crainte qu'ils inspiraient aux courtisans, ou se faire payer cher les moments de gaieté qu'ils savaient procurer à leurs maîtres.

Il n'y a là rien qui doive étonner. La simulation ne fait-elle pas en quelque sorte partie intégrante de la nature humaine ? Ne sait-on pas que dans les affections nerveuses, chez les névropathes pour tout dire, le besoin de « jouer la comédie » est un des caractères pathognomoniques de la maladie ?

Qui ne connaît leur tendance remarquable à inventer des histoires romanesques et extravagantes, combinées avec un art parfait ? Ne se font-ils pas remarquer par leur habileté à semer çà et là des calomnies, jetant la discorde et la haine dans les familles, dénonçant les uns, quelquefois eux-mêmes, un besoin invétéré et incessant de mentir sans intérêt, sans objet, uniquement pour mentir, et cela non seulement en paroles, mais encore en actions, par une sorte de mise en scène où l'imagination joue le principal rôle, enfante des péripéties les plus inconcevables et se porte parfois aux extrémités les plus funestes ?

En veut-on des exemples ?

On a vu dans un couvent de Gascogne, dit Tardieu [1] une jeune fille se dire victime de tortures et de violences inouïes, et son père abusé porter devant la justice une dénonciation dont il se repentit si violemment plus tard qu'il mit fin à ses jours. Triste effet de la folie hystérique méconnue !

Une jeune fille hystérique adonnée jusque-là à des pratiques exagérées de dévotion, et se livrant sur elle-même à des mortifications ascétiques, à des flagellations violentes, saisit un jour ses ciseaux et se fait sur tout le corps plus de six cents incisions. Puis elle soutient que ces blessures sont l'œuvre d'un individu qui a voulu la violer. Mise en présence d'un médecin expérimenté et de grand sens, et pressée par lui, elle ne tarde pas à lui confesser qu'elle s'est volontairement fait de légères blessures partout où ses ciseaux ont pu atteindre, et cette comédie avait précédé de peu une attaque d'hystérie très caractérisée [2].

Un autre mensonge du même genre, mais dont les conséquences ont été plus graves, a fait

---

1. Tardieu. *Études médico-légales sur la folie*, 2ᵉ édition, Paris 1880, p. 174, libr. J.-B. Baillière.
2. Toulmouche : *Consultations médico-légales sur deux cas assez rares d'aberration mentale.* (*Ann. d'hygiène publ. et de méd. lég.*) 1ʳᵉ série. t. I, 1853.

retenir en prison pendant plus d'une année deux pauvres garçons que cette fille avait accusés non seulement de lui avoir fait violence, mais encore de lui avoir introduit dans le corps, et à plusieurs reprises des cailloux, des morceaux de bois et de fer, que l'on en retirait en effet, non sans lui causer de vives douleurs. A la suite de cette opération, elle tomba dans des attaques convulsives dont elle ne sortit que paralysée en apparence complètement. On l'avait fait entrer à l'hôpital afin de pouvoir mieux l'observer. Mais là encore elle réussit à tromper la surveillance dont elle était l'objet. Outre la paralysie, elle simulait une constipation absolue, une suppression complète de toute évacuation ; elle avait simplement introduit dans sa paillasse les matières qu'elle rendait en cachette ; on les y retrouva plus tard aplaties et desséchées. Elle mit ainsi en défaut la loyauté d'un médecin honorable et instruit qui, convaincu de sa sincérité crut pouvoir attester les violences dont elle se disait victime. C'est à un confrère mieux inspiré, le Dr Merland[1], qu'après beaucoup d'efforts et après avoir comparu en justice, les deux jeunes gens accusés durent de voir leur innocence reconnue et d'échapper à cette manœuvre épouvantable

---

1. Merland. *Singulière affaire de simulation*, (*Ann. d'hyg. et de méd. lég.*, 2° série. 1864.

ourdie contre eux par le mensonge et la perversité d'une folle hystérique.

Dans d'autres circonstances on voit ces malheureuses se livrer gratuitement à des actes irréfléchis et bizarres qui rappellent ceux des épileptiques. C'est ainsi qu'une jeune fille très bien née, pour se punir du péché d'orgueil et ne se laissant pas convaincre par les conseils du Directeur éclairé, qui combattait ses scrupules exagérés, quitte un jour la maison paternelle, change ses habits pour des haillons de chiffonnière, se procure les attributs de son nouveau métier et l'exerce pendant toute une semaine dans les rues de Paris !

Ce caractère est également celui du rachitique et il n'y a là rien qui doive étonner, si, se reportant aux pages précédentes, on veut bien se rappeler que, pour nous, les individus entachés de vice scrofuleux et rachitique présentent physiquement et moralement les mêmes conditions d'organisation que les aliénés, qu'ils proviennent tous d'une même souche, qu'ils doivent être considérés comme les enfants d'une même famille, les rameaux divers d'un même tronc.

ROBERT-LE-DIABLE

La légende nous fournit un curieux exemple

de folie, de bouffonnerie simulée.... par ordre, en quelque sorte : ... Robert-le-Diable, touché par la grâce divine, et repentant de ses forfaits, vint trouver un ermite et lui demander comment il pourrait expier ses crimes : « S'il faut porter ma tête sur un échafaud, ordonnez, mon père, j'y cours. — Non, lui dit l'ermite, le ciel n'exige point ce sacrifice ; mais ce qu'il veut de vous est peut-être plus pénible pour une âme aussi hautaine que la vôtre. Il ordonne que vous contrefassiez le muet et l'insensé, que vous disputiez aux chiens votre nourriture, et vous serez dans cet état jusqu'à ce qu'il plaise à Dieu de vous en délivrer et que vos crimes soient expiés....... » Après avoir quitté l'ermite, Robert revint à Rome. Sa feinte démence le faisait suivre par les enfants qui le poursuivaient à coups de pierres. Mais comme ses extravagances n'avaient rien qui tînt de la fureur, les honnêtes gens se contentaient de le plaindre et le défendaient contre tous ceux qui l'attaquaient. Les uns s'amusaient de sa folie, les autres en avaient pitié, il riait en lui-même, voyant que, parce qu'on croyait qu'il avait perdu l'esprit, il attirait plus de monde autour de lui que s'il eût eu tout celui des sept sages de la Grèce.

En courant ainsi de ville en ville, il se trouva auprès du palais du roi Astolphe ; il y entra, monta dans les appartements, et s'y promena, tantôt d'une vitesse surprenante, et tantôt d'un pas grave et majestueux. Le roi le regarda longtemps ; il fut frappé de la taille et des traits de Robert, il le fit observer à un de ses amis : « Voilà, dit-il, le plus bel homme que j'aie jamais vu ; il paraît avoir perdu l'esprit, et certes, c'est bien dommage ; il m'intéresse, je défends qu'on lui fasse aucun mal, je veux qu'on en ait soin, qu'on le serve, qu'on ait pour lui toutes sortes d'égards. » Il le fit appeler, mais Robert ne répondit point ; on lui présenta à boire et à manger, il refusa tout, ce qui surprit beaucoup tout le monde.

Robert, par des folies agréables, amusait tous les seigneurs. A l'heure du dîner, le roi lui fit signe de le suivre, Robert obéit ; ce prince lui présenta lui-même inutilement différents mets. Il avait un chien qu'il aimait beaucoup, il prit sur sa table un poulet qu'il lui jeta. Robert courut après le chien, lui arracha sa proie ; le chien voulut la ravoir, et alors il se fit un combat entre le chien et lui. Robert fut le plus fort, le poulet lui resta, et il le dévora avec avidité. Astolphe qui crut que c'était une des manies de Robert de disputer sa nourriture avec son chien, jeta un pain tout entier sous sa table ; le chien y courut, mais Robert le lui enleva encore; il divisa ce pain, en donna la moitié au chien, mangea le reste. Le roi demeura tout étonné : « La folie de cet homme est bien singulière, dit-il ; il ne prend rien de ce que nous lui offrons, et l'enlève aux chiens ; puisque c'est sa fantaisie, il faut le servir selon son goût. » Dès ce jour, on donna triple portion au chien du roi, afin que le fou pût avoir ce qui lui était nécessaire.

Après le dîner, Robert alla se promener dans le palais, faisant mille folies qui ne pouvaient cependant nuire à personne...

Le chien d'Astolphe s'était familiarisé avec Robert, et ne le quittait plus. Quand la nuit vint, le chien se retira dans sa loge, Robert le suivit, et ils couchèrent sur la même paille. Le roi s'attachait de plus en plus à son fou ; il ordonna qu'on lui dressât un lit, celui-ci le refusa encore, et fit signe aux domestiques de le reporter, montrant la terre et la paille sur laquelle il était couché... Astolphe toujours plus étonné, ordonna qu'on lui portât chaque jour de la paille fraîche. Robert lui en marqua sa reconnaissance par quelques folies aimables... Ceux qui avaient besoin de la protection du roi, avaient observé qu'il avait de l'amitié pour son fou ; ils ne manquèrent pas de profiter de cette découverte ; c'est à lui qu'ils remettaient les placets qu'ils adressaient à son maître. Robert ne les rendait jamais sans les lire ; lorsque la demande lui paraissait juste, il donnait le placet à Astolphe, un genou à terre ; mais lorsqu'il la trouvait injuste ou mal fondée, il présentait le mémoire à demi déchiré, ce qui lui attira beaucoup d'ennemis, et ne lui fit qu'un très petit nombre d'amis... Aux questions qu'on essayait de lui poser pour savoir qui il était, Robert ne répondait que par des insanités bien dignes d'un simulateur peu adroit : « De quel pays es-tu, lui demanda un jour Astolphe ? — De la mer Baltique, écrivait Robert. — Quels sont tes parents ? — Le chien de Procris et la Grande-Ourse. — Quel âge as-tu ? — Six cent quatre-vingt-dix-neuf ans. » — Le roi crut que sa folie le reprenait et le quitta.

Astolphe essaya de le faire questionner, et de mettre des espions auprès de lui. Il y avait dans le palais un Juif fort considéré par ses richesses et par ses grandes lumières sur les finances ; c'était lui qui recevait les revenus de l'État ; et il était l'âme du conseil. Astolphe lui marquait beaucoup de confiance, mais il était fier et arrogant. Robert était encore sur sa paille avec le chien du roi, ils déjeûnaient ensemble, lorsque le Juif vint d'un air affable, escorté de quelques seigneurs, pour voir Robert, qui devina son dessein. Le Juif s'assit à côté de lui, et se mit à écrire ; il fit plusieurs ; questions auxquelles Robert fit des réponses, tantôt d'un bon sens à faire croire qu'il était très sage, et tantôt d'une folie à persuader qu'il était le plus fou des hommes, lui marquant le plus grand respect, et lui donnant des nasardes, jouant alternativement avec son chien, et faisant au Juif les singeries les plus singulières. Le Juif, perdant patience, le menaça. Robert prit son temps, ramassa toute sa paille, parmi laquelle il y avait beaucoup d'ordures, l'entassa sur le Juif, qui, après s'être débarrassé, voulut se venger ; mais son adversaire, plus fort que lui, le prit à la gorge, et le mena chez le roi, à qui l'on raconta tout ce qui venait de se passer.

Cette action fit rire Astolphe, et confirma dans son esprit la démence de Robert ; elle fut suivie de plusieurs autres traits de folie. Son maître, qui craignait que les tracasseries qu'on lui faisait ne fissent empirer son état, ordonna qu'on le laissât tranquille, et ne fut pas moins étonné de ce mélange d'extravagance et de sagesse.

Cette punition dura dix ans et pendant dix ans, Robert vécut au palais du roi dans les mêmes conditions, n'ayant d'autres consolations que son chien, faisant mille folies, amusant les uns, excitant la pitié des autres, expiant par cette humiliation cet orgueil et cette férocité qui le rendaient redoutable à toute la Normandie[1].

---

1. Histoire de Robert-le-Diable, d'après les mémoires et

L'histoire nous a conservé aussi le récit de la folie simulée de L.-F. Brutus ; Aruns et Titus, fils de Tarquin, ayant été envoyés à Delphes pour consulter l'oracle, emmenèrent avec eux Brutus pour leur servir de jouet.

BRUSQUET

A une époque moins reculée, le célèbre Brusquet, s'il faut en croire le cardinal Duperron, fut un homme habile, intrigant, désireux de parvenir. Voici comment il raconte les commencements de ce bouffon : « Il estoit Provençal et premièrement avocat et habile homme. Il vint à la cour pour une affaire qu'il eut au conseil, à la poursuite de laquelle il demeura trois mois avant de pouvoir rien faire. Enfin il s'advisa, luy qui estoit plaisant, de tenter toutes sortes de voies et de voir si par bouffonnerie il pourroit avoir son expédition. Il bouffonna si bien qu'il ne demeura guères sans obtenir ce qu'il désirait. Luy voyant qu'il avait plus fait en un jour par sa bouffonnerie que durant toute sa vie en advocant, il quitta son mestier et se fit bouffon, ce qui luy valut mieux. »

Si, d'un autre côté, nous prenons la version de Brantôme qui nous montre Brusquet contrefaisant

manuscrits du temps, publiés par la Biblioth. bleue. Garnier, édit. Paris.

le médecin au camp d'Avignon (1536), toutes deux sont cependant d'accord au fond sur ce point : les talents et l'effronterie du personnage.

Quoiqu'il en soit sa fortune fut rapide ; attaché à la maison du dauphin, il devint d'abord valet de la garde-robe, puis valet de chambre, enfin maître de la poste de Paris « ce qui valoit ce temps-là ce qu'il vouloit, dit Brantôme, car il n'y avoit pour lors nulles coches de voiture, ny chevaux de relais comme pour le jourd'hui... Il avoit plus de cent chevaux dans son écurie... prenant pour chaque cheval vingt sols s'il étoit françois, vingt-cinq s'il étoit espagnol ou autre étranger. »

Outre la poste, Brusquet profitait de sa position de bouffon en titre d'office et de la grande liberté dont il jouissait pour prendre ce qui lui convenait chez les seigneurs où il allait, et « s'ils ne luy vouloient rien donner gratis, bien souvent quand il étoit dans leur salle ou chambre, et qu'il y voyoit quelque beau bassin d'argent, avant qu'on se fust donné de garde, aussy tost et à l'improviste il mettoit l'espée au poing et faisoit accroire qu'il lui avoit donné un desmenty et qu'il avoit querelle à l'encontre, et le chargeoit d'estoc et de taille, le dasgatoit[1] et puis sans autre forme, le serroit sous sa cape et deslogeoit. Ainsi qu'il fit à

---

1. Le frappait de sa dague.

Bruxelles chez le duc d'Albe, lorsque le cardinal de Lorraine y alla pour la paix[1]. »

Brantôme, qui s'est fait l'historiographe de Brusquet, nous raconte encore le trait suivant de ce célèbre bouffon qui prouve une fois de plus combien était grande la liberté dont il jouissait à la cour :

« M. de Strozze estoit venu en poste à Paris, la vigile de Pasques, et s'estoit retiré à la desrobade en son logis du faubourg Saint-Germain, parce qu'il vouloit qu'on ne le vist ny qu'on le sceust en ville qu'après la feste. Mais Brusquet l'ayant sceu par le moyen du postillon qui l'avoit amené, le jour de la bonne feste, va louer deux cordeliers pour cette matinée, et leur ayant donné à chascun un escu, leur dit qu'il y avoit un grand gentilhomme au faubourg Saint-Germain où il les mèneroit, qui estoit un peu tenté du mauvois diable, si qu'il ne vouloit nullement faire ses Pasques, non pas seulement voir Dieu, ny ses ministres qui l'administroient, et pour ce, qu'ils feroient une œuvre fort charitable de l'aller visiter, luy porter et donner de l'eau bénite et le consacrer luy et son diable de quelques bonnes et sainctes oraisons, suffrages et litanies. Les cor-

---

1. La paix de Câteau-Cambrésis, conclue le 3 avril 1559 avec Philippe II, roi d'Espagne, et qui mit fin aux guerres d'Italie.

deliers s'accordent fort bien à tout cela, et marchent résolus avec Brusquet pour faire ce bon et sainct-office. Et quoy que Brusquet leur eust remontré que c'estoit un diable d'homme, et qu'ils avoient affaire encor non avec un homme mais avec un diable, ils respondirent qu'ils en avoient bien veu d'autres et qu'ils ne le craignoient point. Brusquet donc les ayant conduicts jusques à la porte de la chambre, sans aucun empeschement des serviteurs, car il les cognoissoit comme pain, et aussy qu'il leur avoit faict accroire que M. de Strozze luy avoit commandé de les luy mener pour quelque chose d'importance, pour laquelle il se vouloit ayder d'eux, et aussy qu'il se sentoit atteint de quelque péché dont il se vouloit purger avec eux, et que personne n'entrast en la chambre sinon les deux cordeliers, par ainsy chacun se tint coi, et Brusquet à la porte de la chambre, quand ils furent donc entrés, vinrent au lict de M. de Strozze qui lisoit en un livre. Eux, après luy avoir demandé comme il luy alloit du corps et de l'âme, il les advisa furieusement, et s'advançant sur le lict, leur demanda ce qu'ils venoient faire là, et leur commanda aussy tost de vuisder la place, car de son naturel il n'aymoit guères ces gens-là. Mais eux se mirent à lui jetter force eau bénite qu'il n'aymoit pas plus encore, et commencèrent après à faire leurs exorcismes et òraisons ; à quoy M. de Strozze se voulant tourner pour prendre son espée au chevet de son lict, un cordelier s'en saisit, par l'advis de Brusquet qui leur avoit dict auparavant. Mais M. de Strozze s'estant levé et mis en place se mist en devoir de recouvrer son espée. Il se fait un bruit, s'élève un tintamarre en la chambre si que ses serviteurs y entrèrent et Brusquet luy-mesmes le premier entre, l'espée au poing avec sa main gauchère, fait du compaignon, crie : « holà ! holà ! secours ! secours ! me voici pour vous en donner ! » Et là dessus prend ces deux cordeliers et les emmène gentiment ; et puis l'eau passe, et s'en va faire le conte au roy qui ne sçavait point la venue dudict M. de Strozze, qui la tenoit cachée. Et ainsy fut-elle publiée, ce qui ne fut pas sans rire. Et aussy tost fut envoyé visiter du roy, comment il se trouvoit des cordeliers, s'ils luy avoient donné meilleure créance que devant. »

Brusquet faillit payer cher cette folie. Dans ces temps de troubles religieux, on ne pardonnait pas facilement tout ce qui portait atteinte à la religion :

« M. de Strozze, au bout de deux jours, s'en va se plaindre à l'Inquisiteur de la foy, — qui estoit alors M. Nostre Maistre d'Oris, — de l'affront qui avoit esté faict à Dieu et de l'injure à luy, et mesmes pour s'ayder ainsy des ministres de Dieu et de l'Esglise à s'en servir de risée, et du grand scandale qui en estoit cuydé arriver, car il avoyt cuydé tuer ces gens de biens ; et pour ce, le prioit d'y avoir esgard, car c'estoit traict d'un hérétique, (et Dieu sçait s'il se soucioit ny des cordeliers, ny de leur esglise, ny des inquisiteurs) et qu'ils en fissent raison, et qu'il s'en rendoit partie, ainsy qu'il s'en estoit plaint au roy qui voulait qu'on en enquist, et que le dict Brusquet fut appréhendé au corps ; ce que messieurs les inquisiteurs y allant de bonne foy, et sur le bon dire de M. de Strozze, firent, et envoyèrent le prendre par sept à huit sergents, et fut mené en prison où il demeura quelques jours. On voulait adviser à faire son procès. Mais M. de Strozze ayant le tout descouvert au roy, luy-mesmes l'alla oster en prison avec un capitaine des gardes ; dont il en fust bien aise ; car disoit-il qu'il n'eût jamais si belle peur, craignant ces messieurs les inquisiteurs plus que tous autres gens, car, pour en parler au vray, tel gens sont dangereux, soit en bourdes ou à bon escient. »

On remplirait de nombreuses pages si l'on voulait raconter tous les tours, empreints souvent d'un goût plus que douteux, de maître Brusquet ; s'ils avaient été commis par un pauvre diable ne pouvant se prévaloir de sa charge de fou en titre d'office, il eût été tout droit conduit à la potence, méditer sur la valeur de ces procédés.

Soupçonné de huguenotisme, peut-être aussi à cause de ses richesses, et beaucoup à coup sûr à cause de sarcasmes et railleries adressés à de hauts personnages, Brusquet fut aux premiers troubles pillé, dévalisé et forcé de fuir.

« Enfin, dit Brantôme, le pauvre diable fut soupçonné de religion, et que pour la favoriser, il faisait perdre et soustraire force paquets et dépesches du roy qui faisoient contre les Huguenots. Mais ce ne fut pas tant luy comme son gendre qui estoit Huguenot, sy jamais homme le fust, et pour ce, fict perdre et son beau-père et sa maison qui fut pillée aux premiers troubles. Et fut contrainct de sortir de Paris et de se sauver chez madame de Bouillon à Noyant, qui le retira de bon cœur, et madame de Valentinois par souvenance du feu roy Henry. De là il écrivit une lettre à M. de Strozze (le fils du Maréchal dont nous avons conté les tours) qui me la montra, qui estoit très bien faicte, et le prioit, le conjuroit, par la grande amitié que luy avoit portée M. le Maréchal son père, avoir pitié de luy et lui faire pardonner, afin qu'il put parachever le reste de ses vieux jours en paix et en repos. »

Rentré en grâce quelques temps après, il remplit de nouveau sa charge près de Charles IX. « Mais, comme le fait avec raison observer Gazeau, on peut croire qu'il n'étoit plus que l'ombre de lui-même et que les chagrins et les tourments avaient tari sa verve. Peut-être même ne figurait-il plus qu'à titre honoraire pour ainsi dire, au nombre des officiers du roi, comme une sorte de témoin des règnes antérieurs, que l'on se montrait avec curiosité. »

Brusquet mourut vers 1562 ou 1563.

L'ANGELY

Un autre imposteur célèbre fut le dernier bouffon en titre : l'Angely.

Tiré par le duc d'Enghien de la position modeste de valet d'écurie qu'il occupait, il sut faire une rapide fortune. Son esprit mordant et railleur l'avait rendu redoutable, et tous les grands, Princes, Seigneurs, le comblèrent de présents. Les uns redoutaient ses cuisants sarcasmes, les autres reconnaissaient par leurs cadeaux les joyeuses heures qu'il leur faisait passer. — Il assistait presque toujours aux repas du roi, debout derrière le fauteuil de Louis XIV, et de là lançait impunément ses épigrammes sur les assistants : « J'étais un jour, dit Ménage, au dîner du roi, où étoit aussi l'Angely, à qui je ne voulus point parler, afin qu'il ne dit rien de moi. »

Il sut, par ses railleries, s'attirer l'inimitié de plusieurs personnages influents ; il n'est pas étonnant qu'une cabale se montât contre lui et se terminât par le renvoi de la cour du bouffon.

Tels sont les principaux exemples que nous pouvons citer de simulateurs célèbres Il est permis de penser que d'autres moins illustres, dont l'histoire ne nous a pas conservé les noms, séduits eux aussi par le lucratif métier de bouffon cherchèrent à simuler la folie et à exercer leur talent railleur et médisant dans une sphère plus modeste mais tout aussi rémunératrice[1].

---

[1]. Ce travail n'ayant eu pour principal objectif que l'étude des facultés intellectuelles, morales et affectives des bouffons, c'est donc volontairement que nous n'avons fait qu'effleurer certaines questions, importantes sans doute, mais secondaires à nos yeux. Les indications bibliographiques auxquelles nous renvoyons, permettront d'ailleurs au lecteur de combler facilement ces lacunes.

RÉSUMÉ

En résumé, la classe des bouffons qui pendant de nombreux siècles occupa dans la société une place qui ne fut pas toujours sans importance, était composée sauf exceptions, d'individus dont la nature physique et morale était justiciable de la pathologie morbide.

C'étaient, on l'a vu, des rachitiques, des imbéciles, des idiots, des nains et même des monstres, chargés de distraire les rois et les grands par leurs saillies hardies, leurs réponses spirituelles, leurs facéties, d'un goût souvent discutable mais se ressentant toujours de l'époque où ils vivaient.

S'amuser des saillies et des réparties plus ou moins spirituelles d'un imbécile, d'un idiot, paraît un paradoxe phénoménal ; c'est leur supposer de l'esprit, de l'à-propos, un certain talent d'observation et de comparaison.

Cependant rien n'est plus réel, et nous avons démontré comment on pouvait logiquement expliquer ce fait, en se basant sur l'étude du caractère psychologique de ces êtres incomplets et disgraciés de la nature.

L'histoire nous a conservé le nom de quelques-uns des fous, nains et monstres qui eurent l'honneur d'amuser des souverains redoutables et souvent plus redoutés encore devant qui tout s'inclinait et tout tremblait.

Si beaucoup furent d'honnêtes imbéciles, remplissant avec plus ou moins de talent un rôle que des professeurs spéciaux avaient souvent été chargés de leur apprendre, il est juste de rappeler que parmi eux il s'en trouva qui, profitant de la liberté qui leur était laissée, surent faire entendre aux rois de justes remontrances, intercéder en faveur de malheureux faussement soupçonnés et condamnés.

Ceux là relevèrent et honorèrent la profession.

Il en fut d'autres enfin, jouissant de ce que l'on pourrait appeler un esprit normal par rapport à leur état physique, qui surent faire tourner à leur profit la charge de fou et en habiles simulateurs parvinrent à acquérir des richesses souvent considérables.

Dans tous les cas, les bouffons tels que nous les font connaître les historiens sont des êtres à part dont l'étude appartient à la pathologie et à la psychologie morbide.

FIN

TABLE DES MATIÈRES

	Pages.
INTRODUCTION	1

Rachitisme, 15 ; Scrofule, 27 ; Faibles d'esprit, 32 ; Imbécillité, 36 ; Crétinisme, 48 ; Monstres, 51.

DES BOUFFONS EN GÉNÉRAL. 56
Attributs et costumes. Historique. 60
NAINS 66

Pygmées, 68. — Obongos, 72. — Akkas, 80.
Les véritables nains existent-ils ? 84. — Fabrication des nains, 93. — Nains des empereurs romains, 96. — Nain d'Attila, 98. — Nains attachés à la cour de France, 101 ; à la cour d'Espagne, 109 ; à la cour de Bavière, 111 ; à la cour d'Angleterre, 112 ; à la cour de Russie, 114 ; Nicolas Ferri, (Bébé), 119 ; Joseph Borwflasky, 127 ; Stratton (Tom Pouce), 131 ; la princesse Félicie, 138 ; le général Tiny, 138 ; les Midgets, 139 ; Miss Millie Edwards, 139. — Nains en Orient, 140.

GÉANTS. . . . .
Patagons, 146. — Des géants considérés comme exceptions, 153.

BOUFFONS 162
Esope le phrygien, 167 ; Bouffons à Rome, 173 ; Bouffons au moyen-âge ; France, 175 ; Renaissance, 187 ; Triboulet 192 ; Brusquet, 201 ; Thony, 206 ; Sibilot, 208 ; Mathurin, 210 ; Chicot, 212 ; Maître Guillaume, 215 ; Angoulevent, 215 ; Temps modernes, 217 ; L'Angely, 218 ; Bouffons des cours étrangères, 221 ; Angleterre, 221 ; Will Summers, 224 ; Allemagne, 225 ; Italie, 226 ; Espagne, 227 ; Russie, 229 ; Afrique, 236.

Influence de certains états morbides sur le développement de l'intelligence chez quelques imbéciles, idiots, etc. 238.

SIMULATEURS 257
Robert-le-Diable, 261 ; Brusquet, 267 ; L'Angely, 271.
RÉSUMÉ 276.

TABLE ANALYTIQUE
DES MATIÈRES

Abdul Medjid (le sultan), a eu un fou. 142.
Aboo-Zadeck. — Nain du bey de Tunis. 141.
Afrique. — Peuples nains de l'.... 72-80, fous en... 236.
Akkas. — Peuple nain de l'Afrique. 80.
Allemagne. — Fous attachés à la cour d'... 225.
Andromeda, naine possédée par la petite fille d'Auguste. 98.
Anjou (Marie d'...) reine de France a une folle nommée Marie Michon. 184.
Angely. — Fou de Louis XIV, 217-218.
— simulateur. 274.
Angleterre. — Nains attachés à la cour d'... 112 ; ... fous attachés à la cour. — 221.
Angoulevent, de son vrai nom Nicolas Joubert, fou sous les règnes de Henri IV et Louis XIII. 215.

Anne Ivanowna, impératrice de Russie, s'entoure de fous. 231.
Antoine (Marc-), entre dans les villes conquises précédé de bouffons. 167.
Artaude du Puy, folle attachée à la maison de la reine Jeanne. 182.
Astolphe. Robert-le-diable se réfugie à la cour du roi... 262.
Attila, son nain. 92.
Aymon, géant faisant partie des gardes de l'archiduc Ferdinand. 155.
Bas ou Bès, Dieu d'origine chaldéenne, adoré en Phénicie, a l'expression grotesque des Bouffons. 165.
Bavière. Nains attachés à la cour de... 111.
Bezon. Nain de Catherine de Médicis. 102.
Bocchoris, roi d'Égypte, rendit un jugement analogue à

celui du fou Seigni Johan. 179.

Borwflasky, gentilhomme polonais, nain. 127

Brusquet, fou sous les règnes de Henri II, François II, Charles IX. 201;.. maître de poste à Paris. 202.
— simulateur. 267.

Brutus simule le fou. 267.

Caillette, fou de Louis XIII. 187.

Catherine de Médicis, son affection pour les nains. 101.

Catherine la grande, impératrice de Russie, s'entoure de fous et de folles. 233.

Charles V. Sous ce prince commence réellement la série des bouffons en titre d'office. 180.

Charles VI. A un fou nommé Jehan. 182.

Charles VII. Se conforme à à l'usage d'avoir des bouffons 184.

Charles VIII. Les fous sont peu connus sous ce prince. 186.

Charles IX, eut un nain, 103; a pour fou Brusquet. 201.

Charles-Quint, a un fou nommé Paep Theim. 229

Chicot, fou de Henri III et de Henri IV. 212.

Christiern, roi de Danemarck, a un fou qui l'accompagne dans sa captivité. 225.

Conopas, naine possédée par la petite fille d'Auguste. 98.

Constantin (l'Empereur...) eut un nain. 98.

Cordoue. Le fou du roi de... retrouve l'esprit à la suite d'une fièvre maligne, 247.

Crisoqui, nain de Henri III. 104.

Dareille, Naine de la reine Claude, 101.

Diego. Nain de Henri III. 104.

Delphiens, font périr Esope pour se venger de ses railleries. 173.

Espagne. Nains attachés à la cour d'... 109.
Fous attachés à cour d'.... 227.

Eudoxie (la czarine) eut une naine qui partagea sa captivité. 117.

Esope le Phrygien. 167.

Ferri (Nicolas) plus connu sous le nom de Bébé, nain du roi de Pologne 119.

Félicie. Naine. 138.

Ferrial (Nicolas), plus connu sous le nom de Triboulet, fou sous les règnes de Louis XII et François Ier. 192.

Fouel (Guillaume); fou de la reine Isabeau de Bavière. 183.

France. Bouffons en France. 175.

François Ier, a pour fou Triboulet. 199.

François II, a pour fou Brusquet. 201.

Frédéric II, roi de Prusse, son goût pour les géants. 156.
Galitzin, sa disgrâce. 232.
Geoffroy, Nain de Louis XIII. 107.
Geoffroy, bouffon de Philippe V le long. 176.
Gibson, peintre de Charles Ier, nain. 87.
Grand-Jean, nain de François Ier. 101.
Grèce. Bouffons en .. 2-165.
Guillaume, fou de Henri IV. 215.
Guillaume le bastard, sauvé par son fou. 175.
Hainselin, fou de Charles VI. 183.
Harpaste, folle de la femme de Sénèque. 175.
Henri II, a pour fou Brusquet. 201.
Henri III, a pour fou Sibilot, 208, Chicot, 212, et la folle Mathurine. 210.
Henri IV, a pour fou Chicot, 212, la folle Mathurine, 208, Maître Guillaume, 215, Angoulevent, 2 5.
Henri VIII, roi d'Angleterre a pour fou Will Summers. 224.
Hudson, Jeffry, gentilhomme anglais, nain. 112.
Isabeau de Bavière, a un fou nommé Fouel. 183.
Italie, fous attachés à la cour d'... 226.
Jacob, nain du marquis de Lionne. 108.

Jacques IV d'Ecosse, a pour fou un monstre double. 54.
Jean, duc de Berry, est conduit à sa dernière demeure par ses fous vêtus de deuil. 184.
Jehan, fou de Charles VI. 182.
Jeffrey-Hudson, gentilhomme anglais, nain. 113.
Kamrasi, bouffon du roi... 143.
Knoumhotpou, nain égyptien dont la statuette a été trouvée dans les tombeaux à Saqqarah. 89.
Lablache, anecdote sur... 137.
La Roche, nain de Henri II. 103.
Léon X, le pape... avait des bouffons. 227.
Le Vernoy, professeur de Triboulet. 198.
Lolkes, nain hollandais. 87.
Louis-le-Pieux. Bouffons sous le règne de... 176.
Louis XI. Bouffon de... 184.
Louis XII, a un fou nommé Caillette. 187, puis Triboulet. 195.
Louis XIII, a pour folle Mathurine, 211, pour fou Angoulevent. 215.
Louis XIV, a pour fou l'Angely. 217.
Louisillo. Nain de Charles II d'Espagne. 110.
Mac-Grath. Géant. 158.
Majoski, nain de Catherine de Médicis. 106.

Mandressart, nain de Catherine de Médicis. 106.
Mariborhola, nain de Philippe IV. 142.
Marie-Antoinette a eu un fou à Versailles. 219.
Maranzac, fou du Dauphin, fils de Louis XIV. 219.
Martin, nain de Catherine de Médicis. 106.
Mathurine, folle de Henri III, Henri IV et Louis XIII. 210.
Matrona Danilowna, folle de Catherine la Grande. 235.
Merlin, nain de Henri IV. 106.
Merville, nain de Henri II. 102.
Mésius, Quentin, se fait peintre par amour, de forgeron qu'il était. 253.
Métrophane Papow, bouffon russe est nommé membre de la commission du Code. 234.
Michon (Marie), folle de la reine Marie d'Anjou. 184.
Millie Edwards, naine. 131.
Mite, nain. 139.
Montagne, nain de la reine d'Espagne. 104.
Nathalie (princesse), ses mariages de nains. 115.
Nicolas Ferri, ou Bébé, nain du roi de Pologne, 119.
Noël, nain de Henri IV. 106.
Obongos, peuple nain de l'Afrique, 72.
Orient. Nains en... 140.

Orient. Fous en... 235.
Otrepief. Le cadavre de cet aventurier est exposé avec un masque de bouffon. 233.
Paep Theim, fou de Charles-Quint. 229.
Patagons, leur existence est fabuleuse. 146.
Pedro, nain du marquis de Boufflers. 108.
Perkée, nain de l'électeur C. Philippe. 142-226.
Pertinato, nain de Philippe IV. 142
Petite Russie. Nains en... 143
Philippe-Auguste, chasse les bouffons de sa cour. 176.
Philippe V le Long, a un fou en titre. 176.
Philippe de Valois, a un fou qui fut chargé de lui annoncer le désastre de la bataille navale de l'Ecluse. 177.
Pièche. Musicien du roi Louis XIV, reçoit le traitement affecté au nain Buisson décédé. 107.
Pierre-le-Grand, avait ses nains, 116.
...célèbre le mariage d'un de ses bouffons. 230.
Pollacre, nain de Catherine de Médicis. 104.
Pope, anecdote sur... 6.
Pygmées, peuple nain de l'antiquité. 68.
Richebourg, nain de la duchesse d'Orléans. 108.
Ritta et Christina, monstre double. 53.

Robert-le-Diable, est condamné à imiter le fou, en expiation de ses péchés. 261.

Romanesque, nain de Catherine de Médicis. 102.

Rome. (Bouffons à...) 173. ... nains à... 66-96.

Russie, Nains attachés à la cour de... 114. Géants en... 157. Fous attachés à la cour de... 229.

Seigni Johan, fol insigne de Paris. 177.

Sheperd, Anne, naine épouse de Gibson. 87.

Siamois (les frères...) 53.

Sibilot, fou de Henri III, 208.

Stratton, plus connu sous le nom de Tom-pouce. 131.

Tibère, son nain. 96.

Thévenin de St-Léger, fou de Charles V. 180.

Thony, fou successeur de Brusquet. 206.

Toulouse, le comte de... a un fou qui paraît à la cour de Louis XV. 219.

Triboulet, de son vrai nom Nicolas Ferrial, fou de Louis XII, François Ier. 5-192-247.

Troyes. Sous Charles V cette ville avait le privilège de fournir des fous à la cour de France. 181.

Turquie. Nain du sultan Abdul-Medjid. 142.

Vergier, nain de Henri de Bourbon. 103.

Waren, Livinia, naine épouse de Tom-Pouce, 88.

Will Summers, fou du roi Henri VIII d'Angleterre 221.

Zadech, nain du bey de Tunis 141.

Zircon, nain d'Attila, 98.

Châteauroux. — Typ. et Stéréotyp. A. MAJESTE

LES TROUBLES DE LA PAROLE
Par KUSSMAUL
Professeur à la Faculté de médecine de Strasbourg

Précédé d'une introduction par B. BALL

Professeur à la Faculté de médecine de Paris

1 vol. in-8 de xvi-375 pages. . . . . 7 fr.

L'étude des troubles du langage est un sujet plein d'actualité. C'est aussi une question des plus intéressantes.

La doctrine classique a été bouleversée par les recherches modernes sur l'origine de l'homme et par l'étude scientifique de ses facultés.

Les modifications qu'impriment les lésions diverses de l'appareil cérébro-spinal aux manifestations intellectuelles, sont de nature à fournir à la psychologie les renseignements les plus utiles. La suppression de telle ou telle faculté, les déviations qu'el e subit à l'état pathologique, sont capables de donner des indications sur son rôle, son importance, et parfois même sur son mécanisme. Cette observation, tantôt physiologique, tantôt pathologique, constitue une véritable méthode, point de départ d'une doctrine physiologique et scientifique.

Le traité du professeur Kussmaul sur les troubles du langage est l'une des premières tentatives de ce genre, et, de toutes, la plus complète.

C'est un livre que doivent avoir tous ceux qui s'intéressent à la grave question de l'origine du langage, de ses rapports avec l'intelligence, des formes cliniques sous lesquelles se manifestent les troubles de la parole et des lésions qui les provoquent.

On ne peut qu'admirer l'érudition étendue, la sagacité et la méthode dont fait preuve l'auteur.

La lecture répétée et la méditation du livre de Kussmaul nous ont amené à professer pour lui la plus grande estime.

C'est faire grand éloge d'un ouvrage que de déclarer qu'il résiste à la réflexion et gagne à la méditation.

MATHIEU. *Archives de médecine.*

LEÇONS CLINIQUES
SUR LES MALADIES MENTALES & SUR LES MALADIES NERVEUSES
PROFESSÉES A LA SALPÊTRIÈRE
Par le docteur Auguste VOISIN
Médecin de la Salpêtrière

1 vol. gr. in-8º de 770 pages avec figures intercalées dans le texte, 5 planches lithographiées et 3 planches photoglyptiques. . . . . 15 fr.

Cet ouvrage traite des questions suivantes : des prédispositions à la folie, ses causes et ses prodomes, ses diverses formes : folie acquise, par anémie, par athermie, consécutive à des tumeurs intra-crâniennes. Température du crâne. Folie secondaire, hystérique et sensorielle, sympathique, puerpérale, native, par intoxication, par diathèse et par virus. (Alcoolisme aigu et chronique. Abus de l'opium. Haschish, Nicotine.) Idiotie native et héréditaire ; — acquise. Education et hygiène des idiots. De la mélancolie dans ses rapports avec l'hypochondrie, la manie, le délire ambitieux : de l'épilepsie. Traitement des maladies nerveuses et de la folie.

PHYSIOLOGIE ET HYGIÈNE
DES HOMMES LIVRÉS AUX TRAVAUX DE L'ESPRIT
Par J. H. RÉVEILLÉ-PARISE
Membre de l'Académie de médecine

Edition entièrement refondue et mise au courant des progrès de la science
Par le Dr Ed. CARRIÈRE
Lauréat de l'Institut

vol. in-18 jésus, 435 pages. . . . . 4 fr.

Un médecin, d'une érudition agréable, d'un style aisé et que ses goûts aussi bien que sa culture littéraire ont maintenu sur cette frontière élégante qui sépare les lettres de la médecine, Réveillé-Parise a publié jadis un livre sur la physiologie et l'hygiène des hommes livrés aux travaux de l'esprit. Cet ouvrage très apprécié des gens de goût nous revient aujourd'hui sous une forme rajeunie, dans une édition nouvelle à laquelle M. Édouard Carrière, justement apprécié comme médecin et comme écrivain, a donné ses soins. Le sujet est vieux, mais n'a pas vieilli ; l'accroissement de l'activité et de la production intellectuelles sous leurs formes diverses de manifestations, lui donne un intérêt plus grand et une incontestable actualité. La République des lettres est en effet remplie d'un peuple innombrable, fourmillant, agissant, pensant, écrivant ; de cerveaux tenant le corps dans une étroite et dommageable servitude. L'hygiène doit bien à ces imprévoyants et à ces prodigues d'un genre particulier ses avertissements sévères.

J.-B. FONSSAGRIVES.

L'ÉCOLE DE SALERNE
Traduction en vers français par Ch. Meaux-Saint-Marc
Avec le texte latin
Précédé d'une introduction par le docteur Ch. DAREMBERG
Professeur à la Faculté de médecine de Paris
ET SUIVIE DE COMMENTAIRES

1 vol. in-18 jésus de 609 pages, avec 7 planches. . . . . . 7 fr.

LE RÉGIME DE PYTHAGORE
D'après le docteur COCCHI

DE LA SOBRIÉTÉ, CONSEILS POUR VIVRE LONGTEMPS
Par L. CORNARO

LE VRAI MOYEN DE VIVRE PLUS DE CENT ANS DANS UNE SANTÉ PARFAITE
Par L. LESSIUS

1 vol. in-18 jésus de 243 pages, avec 5 planches. . . . . . . 3 fr.

TRAITÉ D'HYGIÈNE PUBLIQUE ET PRIVÉE
Par le docteur Michel LÉVY
Directeur de l'École du Val-de-Grâce, membre de l'Académie de médecine.
Sixième édition

1879, 2 vol. gr. in-8. Ensemble 1896 pages.......... 20 fr.

LES HYSTÉRIQUES
ÉTAT PHYSIQUE ET ÉTAT MENTAL, ACTES INSOLITES, DÉLICTUEUX ET CRIMINELS
Par le docteur LEGRAND du SAULLE
Médecin à la Salpêtrière.

1 vol. in-8 de 700 pages. .... 8 fr.

A une époque où l'hystérie joue un si grand rôle dans les affections nerveuses, M. Legrand du Saulle a rendu un véritable service à la science en publiant les résultats de sa longue pratique et de sa vaste expérience personnelle. L'hystérie a cessé d'être un mystère : c'est aujourd'hui une maladie qui relève directement du médecin.

BOURNEVILLE. Socrate était-il fou ? 1864, in-8, 16 p. 25 c.

CABANIS. Rapports du physique et du moral de l'homme, et Lettre sur les causes premières, avec une Table analytique, par Destutt de Tracy. 8° *édition*, augmentée de notes, et précédée d'une Notice historique et philosophique sur la vie, les travaux et les doctrines de Cabanis par L. Peisse, 1 vol. in-8, 780 pages. . . . . 6 fr.

L. Peisse dans ses notes discute et quelquefois rectifie les idées de Cabanis. Le livre des Rapports et la Lettre contiennent tout le système de Cabanis ; ces deux ouvrages s'interprètent et se complètent mutuellement ; l'édition publiée par Peisse est la seule qui les réunisse et c'est aussi la seule qui soit accompagnée d'un travail historique et critique digne du sujet et de l'auteur.

CALMEIL. De la folie, considérée sous le point de vue pathologique, philosophique, historique et judiciaire, depuis la renaissance des sciences en Europe jusqu'au xix° siècle. Description des grandes épidémies de délire simple ou compliqué qui ont atteint les populations d'autrefois et régné dans les monastères. Exposé des condamnations auxquelles la folie méconnue a souvent donné lieu. 2 vol. in-8. . 14 fr.

CERISE (L.): Déterminer l'influence de l'éducation physique et morale sur la production de la surexcitation du système nerveux et des maladies qui sont un effet conséculif de cette surexcitation. 1 vol. in-4, 170 pages . . . . 3 fr.

DARDE. Du délire des actes dans la paralysie générale, 1874, gr. in-8, 41 pages . . . . 2 fr.

DUBOIS (d'Amiens). Histoire philosophique de l'hypocondrie et de l'hystérie. in-8. . . . . 2 fr.

FEUCHTERSLEBEN (E. de). Hygiène de l'âme, 1 vol. in-18, 284 pages . . . . 2 fr. 50

FOVILLE fils (Ach.). Étude clinique de la folie avec prédominance du délire des grandeurs. 1871, in-4, 120 p. 4 fr.

—Historique du délire des grandeurs, 1871, in-8, 55 p. 1 fr. 50

GUARDIA (J.-M.). De l'étude de la folie, in-8, 32 p.   1 fr.
— La médecine à travers les siècles, histoire et philosophie, 1 vol. in-8 de 800 pages. . . . . 10 fr.

Table des matières — *Histoire.* La tradition médicale ; la médecine grecque avant Hippocrate ; la légende hippocratique ; classification des écrits hippocratiques ; documents pour servir à l'histoire de l'art. — *Philosophie.* Évolution de la science des systèmes philosophiques ; nos philosophes naturalistes ; sciences anthropologiques ; Buffon ; la philosophie positive et ses représentants ; la métaphysique médicale ; Asclépiade, fondateur du méthodisme ; esquisse des progrès de la physiologie cérébrale ; de l'enseignement de l'anatomie générale ; la méthode expérimentale et la physiologie ; les vivisections à l'Académie de médecine ; les misères des animaux ; abus de la méthode expérimentale ; philosophie sociale.

LÉLUT. L'amulette de Pascal, pour servir à l'histoire des hallucinations, in-8 avec *fac-simile* de l'écriture de Pascal. 6 fr.

Cet ouvrage fixera tout à la fois l'attention des médecins et des philosophes. L'auteur suit Pascal dans toutes les phases de sa vie ; il étudie tour à tour la précocité de son génie, sa première maladie, sa nature nerveuse et mélancolique, ses croyances au miracle et à la diablerie, l'histoire de l'accident du pont de Neuilly et les hallucinations qui en sont la suite, les *Provinciales*, les *Pensées*, ses relations dans le monde, sa dernière maladie, sa mort et son autopsie.

M. Lélut a rattaché à l'*Amulette* de Pascal l'histoire des hallucinations de plusieurs hommes célèbres, telles que la vision de l'Abbé de Brienne, le globe de feu de Benvenuto Cellini, l'abîme imaginaire de J.-J. Boileau, etc.

LENHOSSEK (J. de). Des déformations artificielles du crâne. 1880, in-4, 134 p., 3 pl. et 16 fig. . . . . 14 fr.
LEURET (F.). Du traitement moral de la folie, in-8. . 6 fr.
LUCAS. Traité physiologique et philosophique de l'hérédité naturelle dans les états de santé et de maladie du système nerveux, avec l'application méthodique des lois de la procréation au traitement général des affections dont elle est le principe. 2 forts volumes in-8 . . . . 16 fr.
MARC. De la folie considérée dans ses rapports avec les questions médico-judiciaires. 2 vol. in-8. . . . . 5 fr.
MICHÉA (F.) Du siège, de la nature intime, du symptôme et du diagnostic de l'hypochondrie. In-4, 81 pages . 2 fr. 50
— Des Hallucinations, de leurs causes et des maladies qu'elles caractérisent. In-4, 82 pages. . . . . 1 fr.
MOREL (B.-A.) Traité des dégénérescences physiques, intellectuelles et morales de l'espèce humaine et des causes qui produisent ses variétés maladives. *Ouvrage couronné par l'Institut de France.* 1 vol. in-8, 700 pages et Atlas de 12 planches in-4. . . . . 12 fr.
POTERIN DU MOTEL. Études sur la mélancolie 1859, in-4. 3 fr.
RÉGIS. La folie à deux ou folie simultanée, 1880, in-8, 95 pages . . . . 2 fr.

Châteauroux. — Imp. A. MAJESTÉ.

www.ingramcontent.com/pod-product-compliance
Lightning Source LLC
Chambersburg PA
CBHW071524160426
43196CB00010B/1653